经济学研究丛书

发展战略、要素收入分配与需求结构失衡

张军超◎著

中国国际广播出版社

图书在版编目（CIP）数据

发展战略、要素收入分配与需求结构失衡／张军超
著．—北京：中国国际广播出版社，2017.4
ISBN 978－7－5078－4022－3

Ⅰ.①发… Ⅱ.①张… Ⅲ.①中国经济—经济发展战
略—影响—收入分配—研究 ②中国经济—经济发展战略—
影响—需求结构—研究 Ⅳ.①F120.4 ②F124.7

中国版本图书馆 CIP 数据核字（2017）第 081030 号

发展战略、 要素收入分配与需求结构失衡

著　　者	张军超	
责任编辑	林钰鑫	
装帧设计	人文在线	
责任校对	有　森	
出版发行	中国国际广播出版社 ［010－83139469 010－83139489（传真）］	
社　　址	北京市西城区天宁寺前街 2 号北院 A 座一层 邮编：100055	
网　　址	www.chirp.com.cn	
经　　销	新华书店	
印　　刷	北京市金星印务有限公司	
开　　本	710×1000　1/16	
字　　数	120 千字	
印　　张	9.25	
版　　次	2017 年 6 月　北京第 1 版	
印　　次	2017 年 6 月　第 1 次印刷	
定　　价	35.00 元	

摘　　要

　　我国需求结构呈现投资膨胀、消费低迷和出口依赖的失衡局面。为解释中国需求结构失衡，本书首先详尽考察相关文献；其次从发展战略的角度构造一个解释需求结构失衡的理论框架，其中，发展战略通过影响要素收入分配结构失衡导致消费投资结构失衡，而中国出口贸易规模扩张恰恰是消费投资结构失衡的必然结果；最后，利用中国省级面板数据对上述理论框架进行检验。本书的主要结论有：

　　（一）发展战略是影响要素收入分配结构的重要因素。赶超战略通过偏向资本的制度安排，产品市场、要素市场不完全竞争程度加深，以及过快的资本深化这三个方面导致劳动收入份额下降。

　　（二）发展战略通过影响要素收入分配结构失衡导致消费投资结构失衡。要素收入过度向政府和资本倾斜，其收入主要用于投资而非直接消费，而劳动收入份额下降，制约居民消费能力。因此，要素收入分配结构失衡导致消费投资结构失衡。

　　（三）赶超战略是中国出口贸易扩张的重要因素。执行赶超战略导致要素市场负向扭曲、消费投资结构失衡、FDI引进增多以及区域市场分割而推动地区出口的增长。

　　关　键　词：发展战略　需求结构失衡　出口
　　中图分类号：F124　F752.62

目 录

图表索引

第 1 章 导 论

1.1 问题的提出

消费、投资和出口是拉动经济增长的三大动力。在国民收入核算体系中，总需求可以分解为投资、消费和净出口三个部分，通常被称为拉动经济增长的"三驾马车"。近年来，三大需求对中国经济的拉动作用极不平衡，投资和净出口贡献率相对较高，消费贡献率有所下降，偏离了需求结构演变的一般趋势，我国需求结构呈现投资膨胀、消费低迷和出口依赖的失衡局面。

图 1-1 1978—2008 年中国消费率、投资率与出口占 GDP 比重变化图

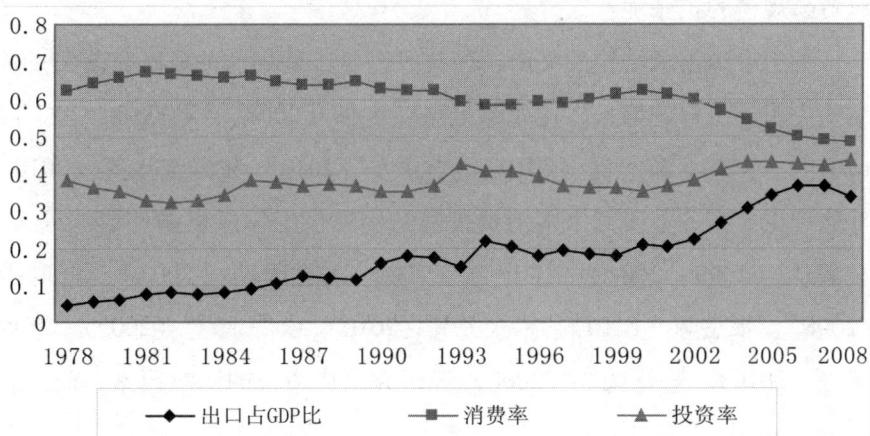

如图 1-1 所示，1978 年以来，一方面，是消费率的波动下行；另

一方面，是投资率的震荡上行，消费率与投资率逐渐收缩至 46% 左右。前世界银行副行长钱纳里和塞尔奎因等经济学家对多个发展中国家工业化进程的研究结果表明，发展中国家的投资率和消费率的比例标准应该是在工业化初期（人均 GDP 达到 140 美元）达到 15%：85%，在工业化中期（人均 GDP 达到 560 美元）达到 20%：80%，在工业化末期（人均 GDP 达到 2100 美元）达到 23%：77%①。而目前我国仍然处于工业化的中期阶段，但是我国自 1988 以来的投资和消费的比率却远远高于以上标准，甚至远远高于发展中国家工业化末期的水平，这说明我国近年来消费与投资结构已是失衡状态。

与此同时，中国出口贸易规模迅猛增长。出口额从 1978 年的 97.5 亿美元增长到 2010 年的 15779 亿美元，增长近 161 倍。中国出口贸易依存度呈逐年增长趋势（见图 1-1），2008 年达到 36.32%，比 1978 年的 4.59% 提高了 31 个百分点。这表明我国经济增长过度依赖出口需求的现实。

面对我国需求结构失衡的现状，我们自然要问的是，中国的需求结构失衡为什么会发生呢？是哪些因素导致我国消费投资结构失衡以及出口贸易规模的扩张呢？

关于中国需求结构的失衡，已有研究要么是分别单独研究消费投资结构失衡或出口的增长，比如邹卫星、房林（2008）、蔡跃洲、王玉霞（2010）、刘伟、蔡志洲（2010）、李永友（2010）和方红生等（2010）等从理论或实证上研究中国消费投资结构失衡的形成机制和影响因素，林毅夫（1999，2004）、江小涓（2002）、冼国明（2003）、包群等（2008）、张杰等（2010）、王永进等（2010）、刘志彪等（2009）、李坤望等（2010）、金祥荣等（2008）等研究出口增长的影响因素，而没有

---

① 钱纳里，鲁宾逊，塞尔奎因. 工业化和经济增长的比较研究［M］. 上海：上海三联书店. 1995，76-85.

将三个需求部分进行整体上的研究；要么是对需求结构进行了综合研究，如华民（2007）、张卓元（2009）、纪明（2010）、徐长生（2010）和史晋川等（2011）等从理论上分析了中国需求结构的失衡及其危害，但他们都没有进行实证方面的分析。因此，为了解释中国需求结构失衡，应该有必要构建一个综合的分析框架，通过理论分析和实证研究，对中国需求结构失衡加以综合研究。

我们注意到，方红生等（2010）的研究指出发展战略对消费投资结构失衡具有根本性作用，我们认为发展战略在需求结构失衡中应是一个重要的变量。下面考察我国改革开放以来发展战略的变化。

图 1-2　1978—2008 年中国 TCI 变化图

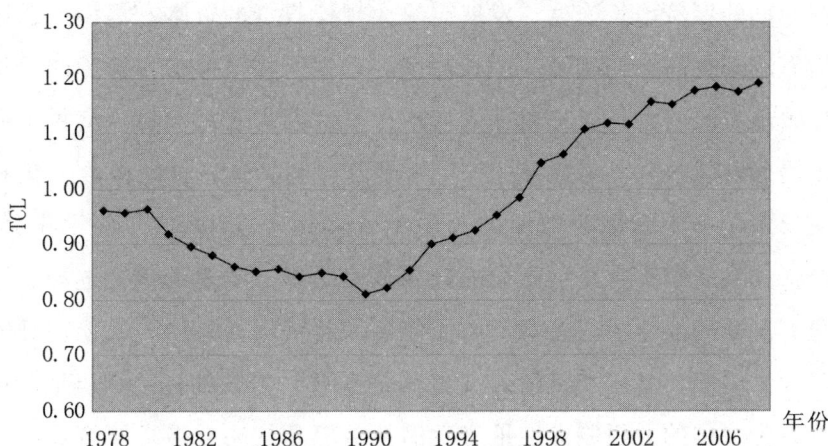

政府的经济政策行为可以用发展战略这个概念来进行高度抽象（林毅夫，2004）①。从技术结构和禀赋结构的吻合程度上，可将之区分为遵循比较优势的战略和违背比较优势的战略，后者主要是指赶超战略。蔡昉（2009a；2009b）指出，20 世纪 90 年代中期以来，中国地方政府所执行的发展战略与 90 年代中期前所执行的发展战略完全不同，此前

---

① 林毅夫，刘明兴. 经济发展战略与中国的工业化［J］. 经济研究. 2004，7：48-58.

执行的是倾向于比较优势的发展战略，而之后执行的是违背比较优势的赶超型发展战略。参考林毅夫（2008），方红生等（2010）做的可度量中国赶超战略程度的 TCI 图①。观察图 1-2，不难发现中国发展战略的这种转变。

蔡昉认为，中国地方政府在 90 年代中期后重新实施赶超型的发展战略，主要与 GDP 为主的政绩考核机制和以生产性增值税为基础的分税制有关。政治绩效的考察依赖于经济绩效的表现，这就导致地方政府竞争关系的产生（周业安，2002；周黎安，2004）。尽管这种竞争关系的实质是获取基于经济绩效（尤其是 GDP）考核的政治绩效，但却表现在追求经济绩效的经济赶超行为上。地方政府官员更加重视短期的经济增长速度，发展需要大规模投资的资本密集型产业则恰恰有利于提高短期的经济增长速度。以生产性增值税为基础的分税制导致地方政府官员更加重视大规模投资，因为大规模投资会更加有利于增加财政收入。考虑到 1994 年的分税制又是一种财政收入集权而支出责任不变或显著增加的分税制（陶然等，2009），这意味着，选择优先发展资本密集型产业的赶超战略是地方政府的理性选择，因为只有这样的战略才会在短期内既能做高经济增长速度，又能做高财政收入。因此，基于经济绩效（尤其是 GDP）考核的竞争和以生产性增值税为基础的分税制促使地方政府执行赶超战略，追求经济资源的扩张。

考虑到发展战略对经济社会的重要作用，那么 90 年代中期后重新实施的赶超战略是否在我国需求结构失衡中扮演了重要角色？如果有的话，其对消费、投资和出口的具体影响机制又是如何呢？

方红生等（2010）的研究对赶超战略影响消费投资结构的机制做了解释并利用 90 年代中期后的数据进行了实证研究，但他们的研究没

---

① 此处参考方红生等（2010）。

有涉及到赶超战略对出口的影响。因此，将发展战略作为变量纳入对中国出口贸易扩张的解释应是对现有研究的丰富，另外，如果能在更长的时间跨度上实证研究发展战略对消费投资结构的影响，这将是对他们研究的加强和补充。

我们还注意到，方福前（2009）的研究表明，在国民收入分配和再分配过程中，居民占有的份额不断下降，这是 1997 年以来中国居民消费需求持续低迷的原因之一，这说明要素收入分配结构失衡对消费投资结构失衡有着重要影响。下面我们考察一下我国改革以来要素收入分配结构的变化。

劳动收入份额是指国民收入在分配中由劳动取得的部分，在收入法国民生产总值中是劳动者报酬的份额，与国民收入中的资本收入份额相对应，两者统称为国民收入的要素收入份额，反映了社会的功能收入分配状况。

图 1-3　1978—2007 年中国劳动收入份额变化图

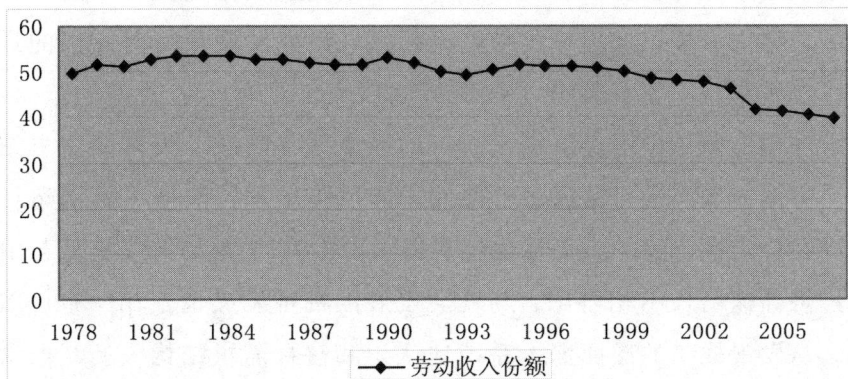

如图 1-3，我国从 1978 年至 2007 年，劳动报酬占 GDP 比重从 49.66% 下降到 39.74%，下降了近 10 个百分点。劳动收入份额经历了小幅上升（1980 年代），然后小幅波动（1990 年代），20 世纪 90 年代末开始趋势性下降，尤其是进入 21 世纪后显著下降。要素收入分配结构的变化反映出劳动要素所有者在初次分配中的相对地位下降，资本要素所有者和政府的相对地位上升。

国民收入在各生产要素之间的分配比例在时间和空间上均具有较强稳定性，是经济增长的"典型事实"（Stylizedfacts）之一（Kaldor，1961）。Gollin（2002）的研究也发现，绝大多数国家的劳动份额都落入0.65～0.8的范围之内，他的发现得到了Bernanke和Gurkaynak（2002）研究的确认。但我国1990年代中期以来劳动收入份额下降的变化显然既不符合Kaldor事实，也与Gollin（2002）的研究发现存在偏离，这表明自1990年代中期以来，我国要素收入分配结构已处于失衡状态的事实。

既然要素收入分配结构失衡对消费投资结构失衡有着重要影响，那么，为了更全面更深入地解释需求结构失衡，需要将要素收入分配结构失衡纳入到分析框架中来，解释要素收入分配结构失衡发生的原因以及发展战略在其中的作用。

本书试图从发展战略视角出发，构造一个分析需求结构失衡的框架，通过理论和实证研究，解释中国消费投资结构失衡、要素收入分配结构失衡以及出口贸易规模扩张，研究发展战略对它们的具体影响机制，丰富和深化了该领域的研究，具有一定的理论意义。需求结构失衡是中国经济增长面对的一个基本问题。失衡的需求结构一方面使经济运行暴露于外部冲击的风险增加，降低了经济运行的内在稳定性，另一方面居民消费需求占GDP比重的持续走低与中国经济高速增长不相协调，与社会发展的福祉要义也不相一致。因此，从发展战略的层面深入系统地认识和解释需求结构失衡，据以提出相关政策建议，这对我国坚持扩大内需战略，保持经济平稳较快发展，加快转变经济发展方式，推动科学发展，具有重要的现实意义。

1.2 研究思路和结构安排

1.2.1 研究思路

为解释中国需求结构失衡，本书首先详尽考察相关文献；其次从发展战略的角度构造一个解释需求结构失衡的理论框架，其中，发展战略通过影响要素收入分配结构失衡导致消费投资结构失衡，而中国出口贸易规模扩张恰恰是消费投资结构失衡的必然结果；最后，利用中国省级面板数据对上述理论框架进行检验。

1.2.2 结构安排

按照上述的研究思路，本论文的内容由以下六章组成：

第1章：导论。本章首先提出本书将要回答的几个问题。接着，拟定本书的研究思路和本书的结构安排，并揭示创新之处和不足。

第2章：相关文献综述。本章主要对中国消费投资结构失衡、要素收入分配结构失衡以及出口规模扩张的理论和文献进行整理和评述，从而为全文的研究奠定理论基础。

第3章：发展战略与中国消费投资结构失衡：来自中国省级层面的经验证据。本章首先回顾改革开放后中国消费和投资的关系，总结其变化特点。然后在整理已有研究的基础上，阐述中国消费投资结构失衡的原因，并具体就赶超战略影响消费投资失衡的机制展开分析，重点分析要素收入分配结构失衡对消费投资结构的影响机制。为了验证我们的解释，通过建立计量模型，控制经济发展阶段和金融发展变量后，利用中国27省区1985—2008年的面板数据进行实证检验，并对实证结果进行分析。最后部分是本章小结和政策建议。

第4章：发展战略与中国要素收入分配结构失衡：来自中国省级层面的经验证据。本章首先回顾整理相关文献的研究，认为发展战略是影响要素收入分配结构的重要因素。随后重点分析赶超战略导致劳动收入份额下降的机制，分别从偏向资本的制度安排、产品市场、要素市场不完全竞争程度加深以及过快的资本深化这三个方面分析劳动收入份额下降的原因。然后，利用 1985—2004 年度中国省级面板数据，控制经济发展阶段这个变量后，进行检验，并分析实证结果。最后部分是本章小结和政策建议。

第 5 章：发展战略与中国出口规模的扩张：来自中国省级层面的经验证据。本章首先回顾中国出口贸易增长的历程，对出口规模扩张的原因做出解释，并重点分析赶超战略影响出口的机制。然后建立计量模型，在控制要素禀赋、金融发展、基础设施和接近海外市场的成本等变量后，利用中国 27 省区 1985—2008 年的面板数据进行实证检验，并分析实证结果。最后，是本章小结和政策建议。

第 6 章：总结。我们对全文做了总结，并重点总结要素收入分配结构失衡与消费投资结构失衡的关系以及消费投资结构失衡与出口贸易扩张的关系。

1.3 研究方法与创新之处

1.3.1 研究方法

本书采用理论分析和实证研究相结合的方法。在第三章、第四章、第五章中，先进行理论分析，综合整理已有研究，提出自己的解释；然后运用现代计量经济学方法，通过构建计量模型来验证我们的解释。具体来说，采用面板数据的固定效应分析方法和随机效应分析方法来进行计量分析。

另外，本书还多处运用图表方法。如第一章、第三章、第五章中均有运用。

1.3.2　创新点

本书试图在以下几个方面有所创新：

1. 本书试图从发展战略视角出发，构造一个分析需求结构失衡的框架，通过理论和实证研究，解释中国消费投资结构失衡、要素收入分配结构失衡以及出口贸易规模扩张，研究发展战略对它们的具体影响机制，这可以丰富和深化该领域的研究，具有一定的理论意义。

2. 我们对赶超战略影响出口的机制进行分析，并将赶超战略进行度量实证研究其对出口的影响，这应是对现有理论的一个补充和丰富。我们的分析认为，赶超战略通过四个途径影响到出口，分别是赶超战略导致要素市场负向扭曲进一步强化，降低了国内生产的成本，出口竞争力增强，出口增加；导致消费投资结构失衡，过剩的产能寻求出口的途径加以消化；执行赶超战略的政府"让利竞赛"，加大招商引资的力度，当地 FDI 引进增多有助于出口增加；赶超战略导致区域市场分割，而市场分割迫使企业追求出口的扩张，进而推动地区出口的增长。

3. 本书对消费投资结构失衡以及要素收入分配结构失衡的实证分析是在方红生等（2010，2011）的研究基础上展开的，我们利用时间跨度更长的中国省级面板数据来考察发展战略等因素对消费投资关系以及要素收入分配结构的影响，得出了与他们基本一致的结论，这是对他们研究的丰富和扩展。

1.3.3　论文的不足

为了刻画赶超战略的指标，我们参考方红生等（2010），构建了基于工业的技术选择指数 TCI，并且为了考察实证的稳健性，计算了基于第二产业的 STCI。但如果能从制造业数据出发构建技术选择指数，那么可能更能准确地刻画地方赶超战略的行为。只是因为分省区历年的制造业数据很难获取到，构建不了基于制造业的技术选择指数，我们就采用了基于工业的 TCI 和基于第二产业的 STCI 来度量赶超战略进行实证研究。

另外，金融发展指标的度量方面，我们使用贷款额占 GDP 的比重来度量，这有一定的合理性。因为中国存在一个明显的银行导向型金融结构，银行系统的规模远远地超过了金融市场的规模，银行在经济中的作用大于股票市场，所以用银行贷款占 GDP 的比重这一指标来衡量中国金融发展程度有一定合理性，但毕竟用单一的一个指标来衡量整体金融发展，全面性显得不够。

我们在赶超战略和金融发展指标度量上存在一定的不足，这可能会削弱计量结果的说服力，但不会影响到本书的基本结论。

由于研究者能力有限，本书在研究中国要素收入结构失衡时存在一些不足，例如对赶超战略影响要素收入分配结构的机制的分析存在欠缺，不够深入；在实证分析也没有建立相应的数理模型，如果能在这些方面进一步完善，则得到的结论将会更加可信。

对于上述不足，我们在今后的研究中都将加以改善，并且希望能够通过对这一领域的尝试性研究，起到抛砖引玉之效。

第 2 章　相关文献综述

　　需求结构失衡是中国经济增长面对的一个基本问题。在国民收入核算体系中，总需求可以分解为投资、消费和净出口三个部分，通常被称为拉动经济增长的"三驾马车"。近年来，三大需求对中国经济的拉动作用极不平衡，投资和净出口贡献率相对较高，消费贡献率有所下降，偏离了需求结构演变的一般趋势。

　　本章主要对中国消费投资结构失衡的文献、要素收入分配结构失衡的文献以及中国出口贸易增长的文献进行回顾和整理，从而为我们后面的研究奠定理论基础。

2.1　中国消费投资结构失衡的文献综述

　　20 世纪 90 年代以来，尤其是 2000 年以来，消费投资关系失衡程度明显加深，以内需不足和过度投资为主要特征的消费投资失衡，是中国经济内部失衡最突出的表现，长期困扰着中国经济。下面主要从中国消费投资失衡的表现和原因以及中国消费投资失衡对出口的影响两方面来梳理文献。

2.1.1　中国消费投资失衡的表现和原因

　　Blanchard 和 Giavazzi（2006）分析了中国汇率制度改革以后的经济平衡问题，指出中国经济存在高储蓄和高资本积累、高出口和高进口现象，并同时出现省际之间、不同熟练程度劳动力之间以及部门之间的不平衡增长的社会性和经济性失衡。据此提出解决方案包括降低储蓄特别是私人储蓄，增加服务的供给特别是医疗服务，以及人民币升值，即同时在财政和预算方面采取行动，并且伴之以货币重新定位。①

何帆、王世华（2006）认为中国经济面临着较为严重的内外部失衡衡，主要表现为储蓄过高、消费不足和投资低效，外部失衡主要表现为经资本项目的巨额双顺差。由于中国经济的内外部失衡是在出口导向战略特殊政策的结果，因此校正当前的内外部失衡需要借助于一个政策组合包括加快人民币汇率改革、增加公共产品投资、大力发展服务业等等。②

王远鸿（2007）指出当前我国经济的内部不平衡主要表现在储蓄和投资的失衡以及投资和消费关系的不协调上，贸易顺差持续扩大是我国经济内外不平衡的突出特征，而且这种内外不平衡将在一定时期内存在。③

邹卫星、房林（2008）从高积累的形成机制、循环积累机制和政府调控机制三个方面系统地分析了中国投资消费失衡的形成机制。高积累的形成机制包括由市场主导和政府主导的两个传导机制，在这两个传导机制下，导致了过高的资本效用权重，从而形成高积累和低消费的经济特征。高积累的循环加深机制，第一是促使高积累不断加深和投资效率不断下降的机制。第二是促使内需不断相对减少的机制。在经济总量

---

① Oliver Blanchard and Francesco Giavazzi，张明译．重新平衡中国的增长：一种三管齐下的解决方案［J］．世界经济．2006，3：3-19.

② 何帆，王世华．寻求治理中国经济内外部失衡的政策组合［J］．中国金融．2006，16：53-55.

③ 王远鸿．中国经济内外不平衡问题分析［J］．经济理论与经济管理．2007，10：5-10.

增长相对有限的情况下，投资快速增长必然导致以消费为主的内需不断相对减少，最后，内需不足出现并不断加剧。政府调控机制方面，由于投资过热和内需不足，政府采取了多种宏观调控措施，但这些调控措施都没有解决引起投资消费失衡的根本问题。经济增长的投资驱动等多方面的因素一起，促成了中国经济的投资消费失衡和高速增长，也促使中国由短缺经济走向内需不足，促生了中国近期净出口的快速增长。①

姜学勤（2009）认为，在三十年的高速增长过程中，伴随着工业化、城市化和市场化，中国经济逐渐出现了以"高储蓄、高投资、高出口和双顺差"为特征的宏观经济失衡。由于要素市场改革相对滞后，导致要素价格扭曲。扭曲的要素价格抑制了消费，促进了投资，增加了出口，也增强了对外资的吸引力，从而导致宏观经济的内外失衡，对中国经济的持续健康发展构成了挑战。②

张卓元（2009）指出，近年来，我国经济的高速增长积累了一些问题，出现了几个大的失衡或不协调问题，主要表现为：内外需失衡、投资消费失衡、经济高速增长与资源环境承受能力失衡、区域和城乡发展失衡，其中最为突出的是投资消费失衡。最终消费占 GDP 比重降到50% 以下，其中居民消费 2008 年降到占 GDP 的 35.3%，比一般国家的占 60% ~70% 低近一半。这是我国内需不足的主要根源。③

郭克莎（2009）认为，投资与消费关系失衡的状况在经济周期性变动中继续加重，根本原因是储蓄率过高，最终消费不足；固定资产

---

① 邹卫星，房林. 为什么中国会发生投资消费失衡 [J]. 管理世界. 2008，12：32-42.

② 姜学勤. 要素市场扭曲与中国宏观经济失衡 [J]. 长江大学学报（社会科学版）. 2009，32（1）：59-62.

③ 张卓元. "十二五"规划应着力解决经济发展面临的几个失衡问题 [J]. 经济纵横. 2009，9：1-4.

投资增长过快，国民储蓄不断转化为投资和净出口，固化了消费增长滞后的格局。收入和消费结构不合理制约居民扩大消费，经济发展阶段和发展方式使投资不断扩张，住宅投资持续扩大加快投资率上升、消费率下降，为出口生产而增加的投资不断，这些因素使得投资率上升和消费率下降。正是高储蓄率、高增长阶段和体制性因素的综合影响，使我国的投资率大幅度高于国际水平。20 世纪 90 年代以来我国低消费、高投资趋势的加强，主要就是这些因素继续存在和发展的结果。①

方福前（2009）的研究表明，人均收入的变化是居民消费支出变化的主要决定因素；在国民收入分配和再分配过程中，政府在总收入和可支配收入中占有的份额越来越大，而居民占有的份额不断下降，这是 1997 年以来中国居民消费需求持续低迷的原因之一。②

蔡跃洲、王玉霞（2010）认为，经济发展阶段及城市化水平、经济外向型程度、地域及文化传统、经济体制等都对投资消费结构有显著影响。（1）投资消费结构的演变与经济发展阶段密切相关。随着经济由较低水平向较高水平阶段演进，消费率将呈现先下降后上升的 U 型趋势，而投资率则将呈先升后降的倒 U 型趋势。上述背后的主要推动因素是经济发展带来居民收入水平变化和城市化推进，带动消费结构、产业结构的变化和升级。（2）经济外向程度、地域文化传统以及经济体制等因素对投资消费结构也有显著影响。外向程度高的经济体具有较高的投资率和较低的消费率；东亚地区普遍具有高储蓄、高投资和低消费的倾向；计划经济体制下期望投资率高于市场经济体制下

---

① 郭克莎. 我国投资消费关系失衡的原因和"十二五"调整思路 [J]. 开放导报. 2009，6：5-8.

② 方福前. 中国居民消费需求不足原因研究——基于中国城乡分省数据 [J]. 中国社会科学. 2009，2：68-84.

的期望投资率。我国目前正处于投资率最高的发展阶段；计划体制的影响尚未完全消除；当前外向程度也高于全球平均水平；高储蓄又是中华和整个东亚文化的传统。我国当前的高投资、低消费结构有较大的合理性。[①]

杜亚丽、孟耀（2010）认为，影响投资和消费比例关系的主要原因有四个：（1）投融资改革相对滞后，预算软约束和地方政府投资冲动，是导致投资比例过高的主要原因之一。（2）工业化进程导致投资比例提高。我国工业化过程尚未完成，目前正处于工业化中期阶段或重化工业阶段，考虑到现阶段我国工业比重高、服务业比重低的结构性特点，以及完成工业化过程的客观需要，在一定时期内保持较高的投资率是必要的。（3）现阶段居民的后顾之忧较多，使得消费率不容易提高。目前，我国经济和社会制度正处在改革时期，国有企业改革、经济结构调整使得下岗和失业人数增多，加之社会保障制度还不完善，使居民预期收入降低。住房制度改革、教育制度改革、医疗制度改革等使居民的预期支出增大，居民消费意愿降低。（4）城乡"二元"经济分割，使农民收入增长长期慢于经济增长，导致城乡居民收入差距不断扩大，进而导致消费率偏低。[②]

刘伟、蔡志洲（2010）认为，对中国的投资和消费的比率失衡人们已经形成普遍共识。通过对近年来国民经济主要资金流量进行分析，研究表明，近 10 年来，在我国的国民可支配总收入中，非金融企业、金融机构和政府部门所占的份额在逐渐增加，住户部门即居民家庭所占的份额在不断降低，而在住户部门内部，收入分配的差异仍在不断扩大，这导致国民可

---

① 蔡跃洲，王玉霞. 投资消费结构影响因素及合意投资消费区间 [J]. 经济理论与经济管理. 2010，1：24-30.

② 杜亚丽，孟耀. 投资与消费比例失调的影响及其对策 [J]. 东北财经大学学报. 2010，2：44-49.

支配总收入中用于最终消费的份额在不断减少，而总储蓄和投资则在不断增大，导致了国内总需求的严重失衡。他们对导致国民收入分配和国内总需求失衡的体制背景进行分析，从宏观的政策调控层面①、中观的地方政府层面②或者行业发展层面③、微观的要素市场层面④以

① 从宏观上看，随着构建社会主义市场经济体系目标的初步实现，以货币政策为主导的需求管理更多地成为宏观调控的基本手段。需求管理的特征是短期的总量管理，重视短期的增长效应，对长期的结构调整和升级关注不足。通过运用总量政策，实现了平稳较快的经济增长，但经济活动中的失衡不断积累，单纯的需求管理难以解决结构性矛盾。（刘伟，蔡志洲. 国内总需求结构矛盾与国民收入分配失衡［J］. 经济学动态. 2010，7：19-27.）

② 从地区经济发展的角度看，投资往往是改变地方经济面貌，实现跨越式发展的重要条件。改革开放以来，几乎所有地区超常规发展，靠的都是投资拉动。各个地方政府所制订的经济发展政策，首先是向着鼓励外部投资、吸引人才、提高效率方面倾斜的，地方的可支配总收入，当然也会向企业倾斜，企业获得的收入越多，其进一步投资的能力也就越强，其吸引新投资的示范效应也就越强，而企业内部的收入分配机制，也是向扩大差异以提高效率的方向发展的，导致收入分配的失衡与投资和消费的失衡。（刘伟，蔡志洲. 国内总需求结构矛盾与国民收入分配失衡［J］. 经济学动态. 2010，7：19-27.）

③ 从行业的发展看，虽然在市场化改革之后中国的民营经济获得了很大的发展，但在国民经济的许多重要行业，国有企业仍然占据着垄断地位。这种垄断对我国国民收入的分配格局有很大影响，这主要表现在两个方面：一是垄断利润成为国民经济总储蓄中的重要组成部分；二是股份制改造后的国有或国有控股企业的薪酬制度实际上是朝着扩大收入分配差异发展的。（刘伟，蔡志洲. 国内总需求结构矛盾与国民收入分配失衡［J］. 经济学动态. 2010，7：19-27.）

④ 从微观上看，我国的市场化改革虽然已经初步完成，但是我们的要素市场，尤其是劳动力市场、资本市场、土地市场，发展仍然很不完善。一方面，由于中国人口众多，劳动力市场存在着长期的供过于求，在政府干预不足的情况下，一般或简单劳动力价格的提升，滞后于社会发展的要求；另一方面，资本和土地市场的扭曲，导致部分利益集团不断地从这一市场上获得超额利润，使得收入分配的失衡更加严重。（刘伟，蔡志洲. 国内总需求结构矛盾与国民收入分配失衡［J］. 经济学动态. 2010，7：19-27.）

及从中国所处的特定经济发展阶段①上分析了消费投资失衡的原因。②

李永友（2010）通过对中国财政分权策略、财政制度安排以及财政政策选择失衡的深入分析，认为中国需求结构失衡在某种程度上是财政体制、财政制度和财政政策内生的结果。由于不恰当的分权策略，激励了政府过度退出社会事业领域，从而增加了居民更大的社会性支出负担。而分权体制下的财政收入制度又进一步明确和强化了政府执政偏向，从而导致财政更加倾向于经济性支出项目，弱化了政府对非经济性支出项目的热情。由于以流转税为主的财政收入结构使得中国财政政策出现明显的工具性约束，财政政策主要以支出为主，而在现行的分权体制下，政府自上而下都有一种扩张冲动，再加上居民消费倾向较低，所以财政政策更热衷于投资需求和出口需求，从而导致财政政策选择失衡与需求结构失衡陷入结构锁定状态。③

方红生、金祥荣（2010）提出了五个假说来解释中国失衡的消费

---

① 发展中国家的新兴工业化和现代化过程，实际上是一个经济增长率、总量和人均水平上的赶超过程，这一过程客观上需要将较多的资金用于固定资产投资，改善基础设施建设、改善装备和提高技术水平，提高资本的有机构成，使生产效率不断提高，通过生产规模的扩大和技术进步来完成这一过程。在体制创新的基础上，发展中国家可以利用发达国家的资金、技术、管理和经验，同时发挥自己在生产要素上的优势，获得更快的发展。这就是我们的比较优势。这种比较优势需要放弃一些眼前的消费，通过发展获得更多的长久利益。这也是改革开放后我国长期的高速经济增长，伴随着更高速度的固定资产投资的基本原因。（刘伟，蔡志洲．国内总需求结构矛盾与国民收入分配失衡［J］．经济学动态．2010，7：19-27.）

② 刘伟，蔡志洲．国内总需求结构矛盾与国民收入分配失衡［J］．经济学动态．2010，7：19-27.

③ 李永友．需求结构失衡的财政因素：一个分析框架［J］．财贸经济．2010，11：63-70.

投资结构，分别是赶超战略假说①、税制结构假说②、房价假说③、发展阶段假说④和老年抚养比假说⑤，其中前三个假说认为政府扭曲是导致中国消费投资结构失衡的根本原因，而后两个假说认为即使没有政府扭曲，中国都会经历一个低消费率和高投资率的阶段，只不过政府扭曲会更加扩大了消费率和投资率之间的差距。⑥

史晋川、黄良浩（2011）认为，近十年来中国需求结构失衡且调整缓慢的内在机理是：在全球经济一体化的大背景下，过分依赖投资和出口的需求结构与"资本偏向型"的收入分配制度、简单劳动力丰富的要素禀赋特征相互支持，形成"三位一体"的低层次均衡。中国需求结构失衡的症结是居民消费不足，正是收入分配失衡导致了"有效消费需求抑制效应"，而出口导向型产业结构与国内消费需求不匹配导致了"有效消费供给不足效应"，两种效应共同作用，导致中国居民消费率偏低，需求结构失衡。⑦

---

① 赶超战略假说：如果一个地方政府执行的是赶超战略，那么这个地区的消费率就会下降，投资率就会上升。

② 税制结构假说：给定其他条件不变，以生产性增值税为基础的分税制将导致资本报酬占 GDP 的比重的上升和劳动报酬占 GDP 的比重的下降。相应的，会降低消费率，而提高投资率。

③ 发展阶段假说：给定其他条件不变，消费率和投资率与经济发展阶段分别呈 U 型和倒 U 型关系。

④ 房价假说：给定其他条件不变，中国土地批租制度所诱导的房价的不断上涨将会促进资本密集型产业的发展，进而导致资本报酬占 GDP 的比重的上升，而劳动报酬占 GDP 的比重会下降。再加上预期不断上涨的房价会诱导居民增强预防性储蓄行为，其结果就会形成失衡的消费投资结构。

⑤ 老年抚养比假说：给定其他条件不变，消费率和投资率与老年抚养比分别呈 U 型和倒 U 型关系。

⑥ 方红生，金祥荣. 赶超战略、财政制度安排与中国失衡的消费投资结构 [R]. 浙江大学经济学院工作论文 . 2010.

⑦ 史晋川，黄良浩 . 总需求结构调整与经济发展方式转变 [J]. 经济理论与经济管理 . 2011，1：33-49.

2.2.2 中国消费投资失衡对出口的影响

华民（2007）认为，中国经济目前正处在内外失衡之中。造成这种结构性失衡的主要原因在于中国最近的经济增长不能创造更多的就业机会，必定导致内需不足，从而需要通过出口来加以出清，出口增加，于是便有统计数字所显示的内外同时失衡的宏观经济现象。由于造成中国内外经济严重失衡的原因是结构性的，所以，中国所应当采取的战略显然应当是结构改革，而不是总量调控，结构改革的目标应当是走市场化和城市工业化的发展道路。[①]

王远鸿（2007）指出，当前中国经济不仅存在严重的外部失衡，而且存在严重的内部失衡。其突出表现是储蓄和投资出现失衡，投资和消费出现不协调。投资和消费关系的不平衡使得国民收入分配持续向投资倾斜，消费增长受到严重制约，进而迫使市场容量趋于相对萎缩。市场容量的萎缩，既是投资挤压消费的必然结果，又是产能严重过剩的表现。投资消费关系的不平衡不仅直接导致中国经济持续增长的"后劲"不足，造成大量生产能力闲置和商品积压，进而不得不"畸形"地依赖"扩张投资"和"增加出口"来维持经济增长。然而，扩张投资必然继续恶化"产能过剩"，过剩产能的释放在国内消费需求不足的条件下必然要依赖扩大出口，扩大出口又必然导致对外经济不平衡。[②]

房林、邹卫星（2008）认为，伴随中国经济的高速增长，经济运行中的内、外部失衡问题日趋突出，而投资消费失衡是中国经济内部失衡的最突出表现，过度投资使得内需不足，又使中国对外依存度较高。

---

① 华民. 应对中国经济内外失衡的开放战略 [J]. 学术界. 2007，1：7-19.

② 王远鸿. 中国经济内外不平衡问题分析 [J]. 经济理论与经济管理. 2007，10：5-10.

在国民收入既定的情况下，积累与消费是此消彼长的关系，过大的投资规模与过高的积累率会降低消费。投资率高速增长促使生产能力不断膨胀，压缩了消费率，造成产能不断增加、国内消费不足的局面，厂商因此销售困难，只能靠加大出口维持，这使得当前中国经济对于进出口贸易的依存度高达70%左右，这个数值已远高于作为贸易大国的美国和日本。①

邹卫星、房林（2008）指出，针对消费不足引起的内需不足，政府调控一般通过增加投资来弥补内需不足，进一步加剧生产规模不断扩大和消费者购买力相对缩小之间的矛盾。为了解决这个矛盾，主要需依靠扩大出口，通过国外需求的引进来增加总需求。当中国进入20世纪90年代，伴随着供过于求的局面出现，市场化改革和汇率体制改革的出台，中国的净出口份额长期保持为正，并不断增加，到2006年高达7.5%，相应地使得中国对外依存度不断上升。这一过程和中国内需不足的产生和发展过程几近同步。主要依靠出口来扩大总需求，使得我国对外依存度不断提高，同时对外贸易的摩擦也不断加剧，就当前来看，这种经济发展方式也不存在可持续性。②

张卓元（2009）指出，近年来，我国经济的高速增长积累了一些问题，出现了几个大的失衡或不协调问题，其中最为突出的是投资消费失衡。投资增速很高，产能过剩，只好靠扩大外需找出路，致使出口依存度一路攀升。③

余文建等（2010）认为，高投资、低消费造成供需结构失衡，从

① 房林，邹卫星. 中国消费投资失衡的现状与危害述评 [J]. 消费经济. 2008，24（5）：3-6.

② 邹卫星，房林. 为什么中国会发生投资消费失衡 [J]. 管理世界. 2008，12：32-42.

③ 张卓元. "十二五"规划应着力解决经济发展面临的几个失衡问题 [J]. 经济纵横. 2009，9：1-4.

需求看，大量投资形成的生产能力缺乏相应的消费来消化吸收，形成过剩产能或需向外寻求出路。中国主要依赖扩大出口的办法平衡国内消费缺口，使经济增长模式从传统的内需驱动型变为外需驱动型。顺差持续扩大，外汇储备规模大幅度增加，虽然增强了中国在国际上的地位，但同时货币供应量增加，既形成人民币升值压力，也形成通货膨胀的压力，而且在全球经济低迷的背景下加剧了中国的国际贸易摩擦，日趋严峻的外部形势预示了中国以外部需求来平衡国内需求缺口的经济发展模式已接近极限。[①]

李永友（2010）认为，在中国式治理模式下，无论是地方政府还是国有企业，本身都具有很强的扩张冲动，这种扩张冲动在中央政府投资扩张政策下得到了释放，从而无限放大了中央政府宏观调控政策对投资需求的扩张效应。投资的扩张产生了两个效应：一是对消费能力，尤其是居民消费能力形成进一步挤压；二是形成更大规模的未来产能。由于国内消费需求受到挤压，不得不依赖出口输出过剩产能。[②]

2.1.3　简单评述

关于中国消费投资失衡的相关文献的研究结果表明，影响消费投资关系的因素主要是赶超战略、财政制度、经济发展阶段、收入分配、住宅投资、房价、老年抚养比、地域文化传统和经济体制等，他们或是综合分析，或是侧重某些因素进行分析。但在这些文献中，描述性研究较多，基于政策操作基本层面的研究较多，理论研究多，进行实证研究的只有方红生等（2010）。他们首次提出赶超战略导致的政府扭曲是中国消费投资结构失衡的根本原因，并进行了实证研究。我们后续的研究将

---

① 余文建，李雪俏，杨文玉，陈少敏. 中国经济结构性失衡的原因与解决路径 [J]. 上海金融. 2010，6：18-21.

② 李永友. 需求结构失衡的财政因素：一个分析框架 [J]. 财贸经济. 2010，11：63-70.

在这些文献的基础上，利用更长时间跨度的中国数据进行实证分析。

2.2 中国要素收入分配结构失衡的文献综述

在卡尔多提出要素分配份额为常数是经济增长的一个典型事实后，许多宏观经济模型都假设经济中的要素分配份额为常数。在中国改革开放的前 20 年中，劳动收入份额一直保持相对稳定，但自 20 世纪 90 年代中期以来持续下降，而劳动收入份额下降是导致居民消费不足的重要原因。因此，对劳动收入份额下降进行研究是我们更好地认识消费投资结构失衡的重要前提。学术界关于中国劳动收入占比份额的研究日渐升温，下面对各位学者的研究做一综述。

2.2.1 中国劳动收入份额下降的原因

赵俊康（2006）认为，劳动分配比例下降的主要原因是技术进步、资本对劳动的相对价格下降、市场需求不足，其政策建议是，使用节约资本的技术，改善市场环境，调整生产要素的相对价格，协调劳资分配须由政府进行宏观调控。①

李扬和殷剑峰（2007）对 1992—2003 年我国居民、政府、企业三个部门的储蓄率进行了比较，发现居民部门储蓄率呈长期稳步下降趋势，居民可支配收入在国民收入初次分配中的份额持续下降，则主要由劳动报酬和财产收入比重的双下降所致，部分居民收入被转移为企业部门的利润和政府的收入。②

徐现祥和王海港（2008）通过采用核密度函数估计各省区的收入

---

① 赵俊康. 我国劳资分配比例分析 [J]. 统计研究. 2006，12：7-13.
② 李扬，殷剑峰. 中国高储蓄率问题探究——1992–2003 年中国资金流量表的分析 [J]. 经济研究. 2007，6：14-26.

分布进而考察我国初次分配中的收入分布演进，发现我国收入分布不断向右平移，逐渐呈现双峰分布，说明了我国要素收入快速增长以及在初次分配中就呈现两极分化的现状，这主要是由劳动贡献分配标准在产业间的差异造成的。①

白重恩、钱震杰和武康平（2008）采用 1998 年--2005 年全国规模以上工业企业数据，对中国工业部门要素分配进行了测算，在剔除2004 年之后由于统计原因造成的劳动份额的下降后，认为工业部门要素分配份额的变化的主要原因是产品市场垄断增加和国有部门改制引起的劳动市场环境的改变。②

罗长远（2008）对劳动收入占比的最新研究成果进行了系统回顾，认为资本产出比、技术进步、全球化、经济发展水平、非正规部门规模和对劳动力的保护程度等是劳动收入占比的决定因素。③

李稻葵、刘霖林和王红领（2009）以刘易斯的二元经济理论为背景，建立了一个二元经济中劳动力转移的数理模型，发现在经济发展过程中，当劳动力不断从农业部门向工业部门转移时，由于面临的摩擦力大于资本运动所面临的阻力，因而劳动力转移速度低于资本的转移速度，所以劳动份额在经济发展初期是下降的，当劳动力转移逐步完成，劳动份额开始上升，呈现所谓的 U 型规律。而中国还处在这一曲线的下行区间上。④

---

① 徐现祥，王海港．我国初次分配中的两极分化及成因［J］．经济研究．2008，
2：106-128.

② 白重恩，钱震杰，武康平．中国工业部门要素分配份额决定因素研究［J］．经济研究．2008，8：16-28.

③ 罗长远．卡尔多"特征事实"再思考——对劳动收入占比的分析［J］．世界经济．2008，11：65-79.

④ 李稻葵，刘霖林，王红领．GDP 中劳动份额演变的 U 型规律［J］．经济研究．2009，1：70-82.

　　罗长远和张军（2009a）从产业角度对中国劳动收入占比的变化进行实证研究。产业结构变化和不同产业劳动收入占比以正相关性同时变化，均加剧了劳动收入占比的波动。基于产业数据对劳动收入占比变化进行分解发现，相对于 1993 年，1996 年劳动收入占比上升主要是由第二产业劳动收入占比提高造成的；相对于 1996 年，2003 年劳动收入占比下降主要与第一产业比重下降有关；2004 年的情况比较特殊，这一年劳动收入占比剧烈下降主要源于统计口径变化，造成第二、三产业劳动收入占比大幅减少。劳动收入占比在地区之间存在巨大差异，但是随着时间的推移，该差异在逐渐缩小，这与产业结构和产业内劳动收入占比的变化也密切相关。[1]

　　罗长远和张军（2009b）运用 1987—2004 年省级面板数据对中国劳动收入占比下降的事实进行实证研究，通过对联立方程模型进行三阶段最小二乘分析，发现 FDI、经济发展水平以及民营化都不利于劳动收入占比的改善。其中，FDI 与劳动收入占比之间双向的负相关关系，是"谈判力量"机制在地区间招商引资竞争的背景下发生效力的结果；经济发展水平与劳动收入占比之间存在"U"型关系，但中国目前还处在曲线的下行区间上；民营化对劳动收入占比的负效应与"工资侵蚀利润"的现象被扭转以及劳动力供给的正向冲击有关。对劳动收入占比起促进作用的因素包括资本密集型产品进口、财政支出以及物质资本和人力资本积累。[2]

　　白重恩和钱震杰（2009）以新古典要素分配理论为基础，利用省际面板数据定量分析了要素相对价格、要素市场扭曲、人均收入水平和教育投资等因素对资本收入份额增加的贡献，认为产业结构转型是近年

① 罗长远，张军．经济发展中的劳动收入占比——基于中国产业数据的实证研究[J]．中国社会科学．2009，4：65-80．

② 罗长远，张军．劳动收入占比下降的经济学解释——基于中国省级面板数据的分析[J]．管理世界．2009，5：25-35．

来我国资本收入份额增加的主要原因。①

黄先海和徐圣（2009）从劳动节约型技术进步的视角出发，构建了希克斯要素偏向型技术进步生产模型，发现劳动收入比重的变化取决于乘数效应大小、资本深化的速度和劳动（资本）节约型技术进步的大小等三种因素。②

翁杰和周礼（2010）利用 1997—2008 年中国工业部门的行业面板数据，分析了劳动收入份额的变动趋势，以及导致劳动收入份额变动的主要因素。研究发现，1997—2008 年工业部门劳动收入份额的变动主要是由行业本身劳动收入份额下降所致，行业结构变动的效应很小。人均资本量的增加、资本产出比的降低和国有企业改革深化是导致工业部门劳动收入份额下降的主要原因，而产品市场竞争程度的提高和出口贸易的增长则有助于提升劳动收入份额。③

肖文和周明海（2010）通过对劳动收入份额进行工业行业的分解发现，产业结构变动是近年来劳动收入份额下降的原因之一。技术进步和国有垄断力量下降会使劳动收入份额下降，分段回归表明，贸易模式的转变是劳动收入份额下降的主因。进出口高度相关的珠三角加工贸易时代，进口渗透率促进劳动收入份额上升；出口型加工贸易的长三角时代，进口渗透率与劳动收入份额同时下降，这是企业降低原料和劳动成本的结果。因此，进口渗透率在不同阶段作用机理不同。④

————————

① 白重恩，钱震杰. 我国资本收入份额影响因素及变化原因分析——基于省际面板数据的分析［J］. 清华大学学报（哲学社会科学版）.2009，24（4）：137-148.

② 黄先海，徐圣. 中国劳动收入比重下降成因分析［J］. 经济研究.2009，7：34-44.

③ 翁杰，周礼. 中国工业部门劳动收入份额的变动研究：1997—2008 年［J］. 中国人口科学.2010，4：31-45.

④ 肖文，周明海. 贸易模式转变与劳动收入份额下降——基于中国工业分行业的实证研究［J］. 浙江大学学报（人文社会科学版）.2010，40（5）：154-163.

龚刚、杨光（2010）借助龚刚、林毅夫所构建的宏观动态模型，从功能性收入分配的视角研究中国的收入分配问题，所得出的基本结论是：中国二元经济结构下劳动力的无限供给是导致工资性收入占国民收入比例持续下降的主要原因。在二元经济结构下，劳动力市场的无限供给不仅使得工资无法对劳动力市场的供求关系进行反应，同时，也使得劳动生产率和物价的变化对工资的影响不够敏感。这意味着，当存在着劳动生产率的提高或经济增长及物价上涨时，工资的提高不够显著，从而由经济增长和劳动生产力的提高所带来的利益大部分转化为利润而不是工资，于是，随着经济的发展，工资性收入占国民收入比例出现下降趋势。①

张全红（2010）利用我国1993—2004年的省级面板数据，对劳动收入份额下降的原因进行了定量分析。劳动收入份额下降的主要原因是要素替代弹性、二元经济中的巨大就业压力和政府长期以来重视资本忽视劳动的政策取向。从技术方面看，资本和劳动的替代弹性导致了劳动收入份额的下降。从经济转型看，在大量的剩余劳动力向现代部门的转移过程中，全球化和教育水平的提高也没有能够对提高劳动收入份额起到积极作用。最后，政府倾向于资本的发展政策又进一步使经济增长的利益更多地被资本占有。②

周扬波（2010）从劳资利益分配框架的视角出发，在现有文献的基础上总结了影响要素分配份额的因素，通过建立数理分析模型探讨劳动收入份额变动的影响因素。利用我国1997—2008年的省级面板数据实证分析显示，劳动收入份额下降的主要原因是资本产出、资本偏型技术进步和政府长期以来重视资本忽视劳动的政策取向。从技术方面看，

---

① 龚刚，杨光. 从功能性收入看中国收入分配的不平等 [J]. 中国社会科学. 2010，2：54-69.

② 张全红. 我国劳动收入份额影响因素及变化原因——基于省际面板数据的检验 [J]. 财经科学. 2010，6：85-93.

资本和劳动的替代弹性导致了劳动收入份额的下降。全球化和教育水平的提高也没有能够对提高劳动收入份额起到积极作用。最后，工会的缺位也导致了劳动者收入的持续下降。①

杨俊、廖尝君和邵汉华（2010）分析了地方政府由竞争而采取的赶超行为对劳动收入占比的影响。在中国特殊的经济分权模式下，这种赶超行为一方面加深了产品市场和要素市场的不完全竞争程度；另一方面由于地方政府没有充分利用资源禀赋的比较优势，而是优先发展重化工等资本密集型产业，从而导致了过快的资本深化。运用省际面板数据实证分析表明，地方政府的赶超行为显著降低了劳动报酬份额；另外，人力资本存量也与劳动收入占比显著负相关。②

白重恩和钱震杰（2010）从技术因素、市场偏离完全竞争的程度以及经济发展三个角度对决定中国要素分配的因素进行考察。利用1985—2003 年的中国省际面板数据，对 1985—1995 年和 1996—2003年的劳动收入份额进行回归分析。回归结果表明，产业结构、国有经济的比重以及税负水平三个因素对两个时期的劳动收入份额都有显著的影响，而经济开放程度和金融发展水平对1996—2003 年的劳动收入份额有显著影响。利用回归模型进行样本内预测，发现 1985—1995 年产业结构转型使劳动收入份额下降，国有经济比重下降和有偏技术进步使劳动收入份额上升，但产业结构转型与后两方面的作用相抵消，总体劳动收入无显著的趋势性变化；在 1996—2003 年，产业结构转型、国有经济比重下降、银行部门的扩张以及税负水平上升使劳动收入份额下降，开放程度的变化则使劳动收入份额有所上升，技术变化对这一时期劳动

---

① 周扬波. 利益分配失衡框架下我国劳动收入份额变动的影响因素分析验 [J]. 经济经纬. 2010，6：102-108.

② 杨俊，廖尝君，邵汉华. 经济分权模式下地方政府赶超与劳动收入占比——基于中国省级面板数据的实证分析 [J]. 财经研究. 2010，36（8）：4-14.

收入份额无明显贡献。①

　　孙慧文（2011）重点讨论了经济发展战略对劳动收入份额的影响，主要从要素禀赋、制度安排以及技术进步三者之间的内在联系出发，说明既定经济发展战略选择下，劳动收入份额不断下降的内在演变趋势。制度安排直接内生于经济发展战略的选择，一国的战略选择必然以本国的要素禀赋状况为基础，而一国经济的技术进步则是由其要素禀赋结构所内生决定的。在既有的要素禀赋结构前提下，我国选择了资本偏向型的技术进步及工业化发展战略，结果是配套于经济发展战略的系列制度安排也是资本偏向型的，最终造成了"资强劳弱"的分配格局，制度变迁的路径依赖又进一步强化了这一局面。在经济发展战略不变、制度安排又具有路径依赖的情况下，我国的技术进步方向又反过来强化了劳动、资本两要素的已有地位，劳动收入份额便理所当然的表现为持续下降。②

　　方红生等（2011）提出了三个假说来解释中国失衡的收入分配结构，分别是赶超战略假说、土地批租制度假说和经济发展阶段假说，其中前两个假说认为政府扭曲是导致中国收入分配结构失衡的根本原因，而后者认为即使没有政府扭曲，中国都会经历一个劳动报酬占 GDP 比重持续下降和资本报酬占 GDP 比重与政府收入占 GDP 比重持续上升的阶段。③

2.2.2　收入分配导致消费需求不足的综述

　　收入分配导致消费需求不足，主要有以下几个方面。

---

① 白重恩，钱震杰. 劳动收入份额决定因素——来自中国省际面板数据的证据[J]. 世界经济. 2010，12：3-27.
② 孙慧文. 经济发展战略选择下我国劳动收入份额持续下降的原因与对策研究[J]. 当代经济研究. 2011，2：65-70.
③ 方红生，金祥荣. 赶超战略、财政制度安排与中国失衡的收入分配结构[R]. 浙江大学经济学院工作论文. 2011.

一是国民收入分配过度向政府和企业倾斜。方福前（2009）的研究表明，人均收入的变化是居民消费支出变化的主要决定因素；在国民收入分配和再分配过程中，政府在总收入和可支配收入中占有的份额越来越大，而居民占有的份额不断下降，这是 1997 年以来中国居民消费需求持续低迷的原因之一。Louis KuiJs（2006）在研究中国居民储蓄率现象时也曾暗示类似的观点。居民收入在宏观收入分配格局中比重下降。在国民收入分配结构中，政府和企业可支配收入上升，而居民可支配收入降低，同时，劳动报酬占 GDP 的比重也在下降。政府和企业收入主要用于储蓄和投资，居民收入尤其是劳动报酬主要用于消费，因此，国民收入分配格局的这种变化造成消费率下降。

二是收入差距呈扩大趋势。朱国林等（2002）通过理论推演和经验分析指出，收入差距扩大导致居民消费水平下降。杨汝岱、朱诗娥（2007）的研究也指出，当收入分配呈正态分布且边际消费倾向与收入分配呈倒 U 型关系时，缩小收入差距能提高总消费需求。娄峰、李雪松（2009）通过使用分省数据和动态半参数面板模型对城镇居民收入分配差距和消费变动轨迹刻画也得出类似结论。我国非熟练工人收入受劳动力市场供求关系影响增长缓慢，而高收入群体收入主要依靠资本和人力资本收益增长较快，尤其是在城乡居民收入对比中，劳动与资本、技术、管理等要素的收入差别更加突出。低收入居民消费率较高但缺钱消费，高收入居民则消费率低、储蓄率高，这使居民消费率趋于下降。

不确定支出预期对居民消费行为也产生了重要影响。例如，袁志刚、宋铮（1999）就曾利用预防性储蓄假定和流动性约束假说解释过我国居民消费倾向下降和消费需求疲软。罗楚亮（2004）、邰秀军（2009）等基于微观调查数据的分析也指出，不确定支出预期对居民当期消费行为具有重大影响，是居民形成谨慎性消费的重要原因。Chamon 和 Prasad（2010）的分析同样认为，由于居民私人支出负担预期的上升，使居民出现较强预防性储蓄行为，从而延滞了消费。

2.2.3　简单评述

关于中国要素收入分配结构失衡的相关文献的研究结果表明，影响中国要素收入分配结构的主要因素有产业结构转型、经济发展水平、资本产出比、资本偏向性技术进步、全球化、要素市场扭曲、教育投资、人力资本、劳动力的无限供给、民营化、"谈判力量"机制、工会的缺位、政府倾向于资本的发展政策和经济发展战略。

在以上研究中，除了杨俊等（2010）、孙慧文（2011）和方红生等（2011）外，其他研究都忽视了发展战略的作用。但杨俊等（2010）的研究在理论和实证时前后逻辑有些不一。方红生等（2011）利用90年代以来的数据进行了实证研究，本书将用中国更长时间跨度的数据进行研究。

2.3　中国出口增长决定因素的文献回顾

早期的国际贸易理论基本是从宏观视角来探寻一国（地区）的出口决定因素的。主要的经典理论假说有赫克歇尔和俄林的新古典贸易理论，强调要素禀赋的国家间差异以及对出口的决定作用；有强调市场的不完全竞争、规模经济和产品差异因素对出口的决定作用的新贸易理论（Krugman，1990）[1]以及强调技术创新在出口方面具有重要作用的内生增长理论（Grossman and Helpman，1995）[2]，等等。近年来，对出口决定因素的研究，呈现出一种从宏观转向微观，或者说是宏观视角与微观视角相融合的趋势。众多学者运用全球价值链的分析框架，重新研究出

---

[1]　Krugman，P. R.，1990，Rethinking International Trade，MIT Press.

[2]　Grossman，G. and Helpman，E.，1995，Innovation and Growth in the Global Economy，MIT Press.

口贸易的决定机制。总体来看，这些研究者并没有否定国际贸易原有的理论基础。如 Jones（2000）[①] 等发现，由要素禀赋产生的比较优势与规模经济等，仍然是解释全球价值链形态下出口的决定因素；再如 Hanson 和 Slaughter（2004）[②] 发现，产品内贸易（无论是进口还是出口）与贸易成本、低技术工人工资水平、东道国的税收收入呈现负相关关系，其中以要素禀赋差异为基础的要素价格差异在其中起着决定性作用。另外，近年来从发展中国家内部制度层面来寻求其出口扩张的影响因素的研究，也开始受到经济学界的关注，如 Levchenko（2004）[③] 和 Nunn（2005）[④] 等的研究表明，对于那些制度质量有待提高的发展中国家来说，劳动密集型产业因为受到制度环境的约束较小，具有出口的制度优势。

已有诸多研究关注影响中国出口增长的主要因素。主要包括两个方面：一是从宏观发展战略层级的研究，分别从古典贸易理论和新贸易理论的角度，思考到底是比较优势还是规模经济决定一国的行业出口增长。林毅夫等人认为，要素禀赋与技术差异是决定国际分工方式与贸易结构的主要因素，根据中国现实国情与比较优势原理，应鼓励中国发展劳动密集型产品的出口，比较优势战略在我国的应用非常成功，我们应该在相当长的时期内继续发挥现有的比较优势。（林毅夫等，1999；鞠建东、林毅夫等，2004）。而杨小凯等（杨小凯、张永生，2001）认为

① Jones, R. W., 2000, Globalization and the Theory of Input Trade, MIT Press.
② Hanson, G. H., and Slaughter, M. J., "Vertical Production Networks in Multinational Firms", NBER working paper, 2004, Feb.
③ Levchenko, A., 2004, "Institutional Quality and International Trade", IMF working paper WP/04/231.
④ Nunn, N., "Relationship – Specificity, Incomplete Contracts and the Pattern of Trade", Department of Economics & Institute for Policy Analysis, University of Toronto, Mimeo, 2005.

通过分工和贸易，促进专业化水平提高和效率改进，才是贸易发生和决定贸易结构的基础和动力；二是结合中国发展实践的经验研究，或侧重于对现有理论的检验，或侧重于发现中国出口迅速增长的特殊之处。实证分析表明，促进我国出口增长的因素很多，具体来说有如研发、企业盈利性、资本密集度和相对规模（Zhao and Li，1997）、汇率（Chou，2000）、出口退税、企业性质和出口加工区等制度因素（Chao et al，2001；Chen，2006；Perkins，1997；Sit，1988），其他国家进口政策自由化（Feenstra and Kee，2007），还有 FDI（Liu，2002；Hu et al，2002；江小涓，2002；蔡小勇、余子鹏，2005；龚艳萍、周维，2005；王子军、冯蕾，2004）等。钟昌标（2007）则深入到行业因素研究了我国电子行业出口的决定因素。下面，分别从几个重要的决定因素出发来梳理文献。

2.3.1 外商直接投资对中国出口的影响

前人文献中对 FDI 和东道国出口关系的研究较具代表性的有 Mundell 的相互替代理论、小岛清（Kiyoshi KoJima）的互补理论、Markuson 和 Svensson 的互补理论，以及 Bhagwati 和 Dinopou-los 的补偿投资理论。总结起来他们认为 FDI 对东道国出口贸易的促进作用包括两个方面：一是直接效应，即通过外商投资企业自身的出口来带动东道国的出口；另一个是间接效应，即 FDI 通过对当地企业的影响促进其出口。

在传统的贸易理论基础上，Mundel（1957）假设所有国家和地区的生产函数都是相同的，当存在贸易壁垒时，国际贸易和包括 FDI 的生产要素国际流动之间是相互替代而非互补的。[①]

KoJima（1973）认为，国际直接投资并非是单纯的资本流动，而是

---

① Mudell，R. A.，1957，"International Trade and Factor Mobility"，American Economic Review，47，pp. 321 – 335.

包括资本、技术、经营管理等生产要素的总体转移。当资本富足和劳动力富足两种不同类型国家的技术差距较小时，资本富足国的先进生产函数可以比较容易的转移到劳动力富足的国家，所以两国通过两种商品在生产、贸易和消费上的互补，同时达到均衡，即 FDI 创造了贸易，这表明国际直接投资和国际贸易存在互补关系。[①]

20 世纪 80 年代初，Markuson 和 Svensson（1985）对要素流动和商品贸易之间的相互关系做了进一步的分析，分析结果表明，资本要素的国际流动或者直接投资与商品贸易之间不仅存在替代性，而且在一定的条件下还存在互补关系。[②]

Bhagwati 和 Dinopoulos（1986，1989，1991）运用一个标准的两国家、两产品、两要素的一般均衡国际贸易模型提出补偿投资或者化解关税投资的概念，描述了贸易与投资之间的一种跨时期关系。[③][④][⑤]

Caves（1996）认为，FDI 对东道国贸易的效应有两个方面：一是直接效应，即 FDI 企业自身的出口带动东道国的出口；二是间接效应，即 FDI 的外溢效应，外溢效应是 FDI 对本土企业出口的带动作用。外溢

---

① KoJima, K. , 1975, "International Trade and Foreign Investment: Substitutes or Complements", Journal of Eco – nomics, 15, 1, pp. 78 ~ 103.

② Markuson, James R. and Lars E. O. Svensson, 1985, Tarde in Goods and Factor with international differences in Technology, International Economic Review, Vol. 26, No. 1.

③ Dinopoulos, Elias and Jagdish N. Bhagwati "Quid Pro Quo Foreign Investment and Market Structure. " Unpublished Manuscript Presented at the 61stAnnual Western Economic Association Conference, San Francisco, 1986, July.

④ Dinopoulos, Elias, "Quid Pro Quo Foreign Investment. " Economics and Politics, 1989, 1（2）, pp. 145 – 160.

⑤ Dinopoulos, Elias and Kar – yiu Wong（1991）: "Quid Pro Quo Foreign Investment and Political Intervention. " in K. A. Koekkoek and C. B. M. Mennes, eds. , International Trade and Global Development: Essays in Honour of Jagdish Bhagwati, London: Routledge, pp. 162 – 190.

效应表现在以下三方面：（1）本地一些企业会在与外商的合作中逐渐成长为独立的出口企业；（2）外商在东道国的经营必然会在营销技术和生产技术等方面发生外溢，为国内企业所吸收，进而形成持久的示范效应，这对于提高国内企业的出口竞争力是十分重要的；（3）FDI 还可以产生所谓的"市场进入外溢"（market access spillover），诸如国内企业可以分享外商贸易自由化的游说成果，减少进入外国市场的障碍，外商熟悉国际市场，可以成为国内企业获取国际市场信息、同国外贸易团体和产业组织建立联系的渠道，国内企业也有可能以较低的成本使用跨国公司的分销和营销设施等。①

Greenaway etal.（2004）在 3 种渠道上进行了对外商直接投资出口溢出效应的实证研究，即：出口信息溢出、示范效应和竞争效应。②

Chen 等（2007）侧重于信息外部性的分析，认为跨国公司的存在及出口使中国国内企业更多地了解了国外市场。③

国内的学者对 FDI 对中国出口的影响也做了广泛的研究。

江小涓（2002）通过考察改革开放以来外商投资的发展及其在中国经济中的地位，分析了外商投资企业对中国出口增长的贡献及其原因。分析结果表明，外商投资企业对扩大中国出口规模和提升中国出口商品的结构作出了突出的贡献。外商投资企业的这种能力，与其生产总

---

① Caves, R., Multinational Enterprises and Economic Analysis, Cambridge, MA Cambridge Univ. Press, 1996.

② Greenaway, David &Sousa, Nuno & Wakelin, Katharine, "Do Domestic Firms Learn to Export From Multination – als?", European Journal of Political Economy, 2004, 4, pp. 1027 ~ 1043.

③ Chen Hui ya, Swenson D. L., 2007, "Multinationals and the Creation of Chinese Trade Linkages", Paper presented at the Trade Conference hosted by the International Monetary Fund.

量的扩张、出口倾向强、与跨国公司全球体系联系密切以及当地配套比率提高等因素相关。两个市场和两种资源的灵活运用能力，使外商投资企业在面对国内国际经济环境的变化时，显示出较强的调整能力和适应能力。①

冼国明（2003）认为，FDI 对贸易的影响可分为直接影响和间接影响。依据 1983—2000 年的数据，运用单位根检验、向量误差修正模型（VEC）、Granger 因果检验等研究方法，对外商在华直接投资与中国出口之间的相关性进行较为完整的计量研究，从实证的角度揭示了二者之间客观存在的长期关系。②

杨全发、陈平（2005）利用 1979—2003 年的相关数据，对外商直接投资对我国出口贸易的作用进行了回归分析，发现外商直接投资对外资企业的出口促进作用非常显著，而对内资企业作用甚微，可见外资的技术外溢效果不明显。③

柴敏（2006）突出考察了外商直接投资对中国内资企业出口的拉动作用。使用 1997—2003 年的省际面板数据证实，外商投资企业的出口行为会产生出口信息外溢，进而提高内资企业的出口绩效，但外商投资企业的进入不能引发明显的竞争效应。对外商投资企业的分类分析显示，外商独资企业在对当地中国内资企业的出口信息外溢性中扮演着重要角色。④

何艳（2009）认为外商直接投资存在着出口溢出效应，它带动了

---

① 江小涓．中国出口增长与结构变化：外商投资企业的贡献［J］．南开经济研究．2002，2：30-34.

② 冼国明．中国出口与外商在华直接投资．南开经济研究［J］．2003，1：45-48.

③ 杨全发，陈平．外商直接投资对中国出口贸易的作用分析［J］．管理世界．2005，5：65-69.

④ 柴敏．外商直接投资对中国内资企业出口绩效的影响——基于省际面板数据的实证分析［J］．管理世界．2006，7：46-52.

我国国内企业的出口。文章用行业面板数据证实，水平联系、前向联系和后向联系是外商直接投资出口溢出的重要渠道。[1]

文东伟等（2009）描述了1980年以来中国产业结构、贸易结构以及出口竞争力的演变趋势，并分析了FDI对中国产业结构变迁和出口竞争力的影响。分析表明，FDI推动了中国的产业结构升级，并显著提升了中国的出口竞争力。FDI大规模流入中国，不仅促进了中国的产业结构升级，而且还提高了中国出口占世界市场的份额，从而提升了中国的出口竞争力。特别是外资参与程度很高的行业，FDI对该行业出口竞争力的促进作用非常明显。[2]

2.3.2 金融发展对中国出口的影响

大量研究文献已经指出，成熟的金融体系对于一国长期经济增长的重要性。事实上，金融发展不仅对长期经济增长具有重要影响，而且对一国专业化分工模式的选择与对外贸易的开展也有深远影响。例如，Kletzer 和 Bardhan（1987）指出，对于那些更为依赖于外源融资（external financing）的行业，发展成熟的金融体系将使得该国在这些行业具有比较优势。[3] Beck（2002）采用65个国家30年的面板数据进行分析，表明金融发展水平较高国家的工业制成品出口份额与工业制成品贸易顺差相应较高，因此在金融发展水平与工业制成品贸易之间存在正相关性。[4] 类似地，Svaleryd 和 Vlachos（2005）对经合组织国家专业化分

---

① 何艳. 外商直接投资的出口溢出效应 [J]. 管理世界. 2009, 1: 170-171

② 文东伟，冼国明，马静. FDI、产业结构变迁与中国的出口竞争力 [J]. 管理世界. 2009, 4: 96-107.

③ Kletzer, K. and ardhan, P. "Credit Markets and Patterns of International Trade". Journal of Development Economics, 1987, 27, pp. 57–70.

④ Beck, T. "Financial Development and International Trade: Is There a Link." Journal of International Economics, 2002, 57, pp. 107–131.

工模式的经验研究也指出，金融部门的效率高低是影响国际分工模式的关键因素。[①]

其他研究则考察了金融体系如何通过其他功能影响了专业化分工。例如，Baldwin（1989）认为，金融体系完备的国家往往在高风险产品行业的出口方面具有比较优势，因为发达的金融体系将对这些行业出口的潜在风险起到分散作用。[②] Feeney 和 Hillman（2001）强调，一国究竟选择贸易保护还是贸易自由化，关键在于该国是否拥有足够完备的金融市场来化解世界市场价格波动对国内生产造成的冲击。金融发展程度较高的国家更有能力抵御外部价格波动的冲击，因而趋于选择贸易开放。[③]

沈能、刘凤朝（2006）认为，金融部门是一个重要而特殊的部门，金融系统具有降低风险，有效配置资源、动员储蓄、便利交易和加强监督管理等功能，发挥这些功能能够增加资本积累、推进技术创新，继而影响国际贸易的比较优势。以金融视角研究地区开放度对区域对外贸易的作用机理，并通过面板回归模型的分析，可以发现：金融深化有利于地区对外贸易的发展；我国部分地区出口的快速发展在很大程度上得益于非正式金融。[④]

包群、阳佳余（2008）通过构建理论模型分析了金融发展对工业制成品贸易的影响，得出三个命题：1. 发达的金融市场通过降低企业

① Svaleryd, H. and Vlachos, J. "Financial Markets, the Pattern of Specialization and Comparative Advantage: Evidence from OECD Countries." European Economic Review, 2005, 49 (1), pp. 113 – 144.

② Baldwin, R. "The Political Economy of Trade Policy." Journal of Economic Perspectives, 1989, 3, pp. 119 – 135.

③ Feeney, J. and Hillman, A. "Trade Liberalization and Asset Markets." University of Albany working paper, 2001.

④ 沈能, 刘凤朝. 金融因素对我国地区国际贸易发展差异的影响 [J]. 现代财经. 2006, 26 (7): 64-68.

融资成本，从而使得本国在资本密集型的工业制成品出口方面具有比较优势。2. 发达的金融市场一方面通过提高工业制成品工人边际产出率，从而提高工业制成品部门工资；另一方面又通过降低工业制成品相对价格而降低工业制成品部门工资。因此存在金融发展影响劳动力部门配置的双重效应；均衡情形下金融发展并不影响劳动力的部门配置。3. 发达的金融市场将使得工业制成品部门的资本投入增加，并同时提高工业制成品部门的最终产量。利用中国数据的实证结果也表明，金融发展水平是影响工业制成品比较优势的重要变量。①

2.3.3 市场分割对中国出口的影响

地方市场分割主要指一国范围内各地方政府为了本地的利益，通过行政管制手段，限制外地资源或产品进入本地市场（银温泉、才婉茹，2001）② 或限制本地资源流向外地的行为。市场分割主要是由财政分权与地方竞争两个因素造成的，是中国经济转型期的一个特有的经济现象。其本质上对经济运行机制扭曲，市场信号失真，干扰宏观经济平衡，使社会资源无法实现最优配置，从而造成产业结构的扭曲与市场配置功能的扭曲。产业结构扭曲的结果是产业的实际产出受到抑制从而达到生产可能性边际或生产前沿（郑毓盛、李崇高，2003）③，并最终对区域产业竞争力的提升会产生不利影响。

赵树宽等（2008）认为，依据要素禀赋理论，要素禀赋与技术差异是决定国际分工方式与贸易结构的主要因素，生产要素的数量与质量

① 包群，阳佳余. 金融发展影响了中国工业制成品出口的比较优势吗 [J]. 世界经济. 2008，3：21 –33.

② 银温泉，才婉茹. 我国地方市场分割的成因和治理 [J]. 经济研究. 2001，6：3-12.

③ 郑毓盛，李崇高. 中国地方分割的效率损失 [J]. 中国社会科学. 2003，1：64-72.

上的差异决定专业化的分工和生产格局，进而决定贸易格局。因此，各国按照其要素禀赋所决定的比较优势来选择其产业和产品的专业分工是提高产业竞争力的重要途径（鞠建东、林毅夫、王勇，2004)[①]。区际分割抑制产品市场的扩大、产业结构的升级与规模效应的形成，迫使地方政府将注意力转向发展对外贸易，形成了不同程度的"对外贸易偏好"。某些地区实施经济赶超战略，违背了遵循要素禀赋比较优势的产业发展战略，由于在技术创新、要素禀赋等方面存在先天缺陷，这种依靠价格扭曲而发展起来的产业很难获得自生能力，这最终会延缓产业技术变迁速度，产业结构升级难以实现，阻碍该地区产业竞争力的进一步提升。[②]

朱希伟、金祥荣、罗德明等（2005）在《国内市场分割与中国的出口贸易扩张》一文中，将国内市场分割和边际成本与固定成本之间的反向关系引入 Melitz（2003）的企业异质性模型，用来解释中国严重的国内市场分割导致生产企业不在本国市场销售产品，而是通过 OEM 进行出口，形成中国出口贸易的过度扩张这一"扭曲"现象。市场分割虽然会阻碍本地本土企业利用国内市场来实现规模扩张和规模经济效应，但是，这并不会影响本地的 GDP 增长。这是因为，本土企业可以借助国际贸易替代国内贸易，从而获得企业规模扩张，这种情形下，中国省份地区的市场分割反而可能会有助于本地企业的出口扩张，进而有助于本地区的经济增长，因而地方政府就越有动力实施市场分割策略。

从中国的经验事实出发，该文提出实行对外开放的国家存在国内市场分割这一假设，如果国外市场的进入成本介于本地市场和本国外地市场的进入成本之间，那么会出现以本地市场为基础的开放经济分离均

① 鞠建东，林毅夫，王勇 . 要素禀赋、专业化分工、贸易的理论与实证：与杨小凯、张永生商榷［J］. 经济学季刊 . 2004，4（1）：27-52.

② 赵树宽，石涛，鞠晓伟 . 区际市场分割对区域产业竞争力的作用机理分析［J］. 管理世界 . 2008，6：176 – 177.

衡；如果国内市场分割严重导致国外市场的进入成本低于本地市场的进入成本，那么会出现以出口为基础的开放经济分离均衡。以出口为基础的开放经济分离均衡可以很好地解释中国目前为什么会有大量的民营企业通过 OEM 方式向国外出口产品，但却在国内市场没有该产品销售的这种"舍近求远"的反常现象。①

张杰、张培丽、黄泰岩等（2010）在《市场分割推动了中国企业出口吗?》一文中实证研究了中国省份地区间的市场分割对企业出口的影响，发现市场分割确实激励了本土企业的出口。该文基于文献视角评析了市场分割如何影响企业出口的原因、机理。

首先，中国各地方政府所实施的市场分割，虽然会导致本地企业无法利用国内市场的规模经济效应获得发展，但其可以通过激励本地企业的出口扩张，使得本地企业依靠国外市场获得国际贸易的规模经济效应，从而获得企业规模扩张与发展，进而获得当地经济增长。同时，这也就解释了为什么经济开放反而更有可能会加剧中国省份地区间的市场分割。

其次，中国的各地方政府通过积极的招商引资竞争来实现获得财税收入、就业以及更为重要的当地 GDP 增长的目标。通过采取压低土地价格以及提供各种优惠政策，人为扭曲了企业的生产要素投入成本差异与投入比例。而且，为了吸引资本进入，中国地方政府过度赋予资本所有者对企业所创造利润的分配支配权，而忽略了作为社会消费者主体的劳动力在分配企业所创造利润中的话语权，对于劳动者利益的保护表现出"有意"或"无意"的忽略。在这些因素激励下，中国企业特别是劳动密集型企业依靠压低劳动力的工资成本获得了低生产成本的竞争优势。再加上，中国地区间"以邻为壑"的地方保护

---

① 朱希伟，金祥荣，罗德明.国内市场分割与中国的出口贸易扩张［J］.2005，12：68-76.

主义的市场分割，造成中国企业进入国内其他省份地区市场的交易成本要高于出口到国外市场的交易成本。这些因素的叠加效应就是，迫使本地企业特别是劳动密集型企业将这种低生产成本竞争优势，转化为出口比较优势，从而使得地方政府"有意"或者"无意"所采取的市场分割政策"主动"或者"被动"地成为推动本地经济增长的动因。①

2.3.4　基础设施对出口的影响

王永进等（2010）在《基础设施如何提升了出口技术复杂度?》文中提出，与国内贸易相比，国际贸易涉及更多的风险和不确定性（Rodrik，2000），这就要求企业根据外部市场状况对生产要素进行及时调整。而便捷的公共基础设施则能够为企业节约库存，有利于企业及时有效地调整生产要素，从而降低调整成本（Moreno et al，2002；Shirley & Wintson，2004；Lai，2006；李涵、黎志刚，2009）。同时，"商品属性越是复杂多样和易变，则越容易受到外部风险和不确定性的影响"（North，1990；Berkowitz et al，2006）。因此，完善的基础设施对于那些高复杂度产品的出口具有格外显著的促进作用，从而有助于一国总体出口技术复杂度的提高。

该义在企业异质性分析框架基础上，从理论上探讨了基础设施影响出口技术复杂度的微观机制，得到两个结论：

命题 1：对于那些已经进行出口的企业而言，其出口数量随基础设施水平的提高而增加。而且其所在行业的技术复杂度越高，基础设施对其出口数量的影响越大。

命题 2：基础设施水平的提高能够提高企业的出口参与，特别是对

---

① 张杰，张培丽，黄泰岩. 市场分割推动了中国企业出口吗？[J]. 经济研究.
　　2010，8：29-41.

于那些技术复杂度较高的产品而言，其影响尤为明显。

新新贸易理论研究表明，贸易的增长主要依靠两种方式：一种是已有出口企业出口数量的增长，即出口深度的增长（the intensive margin of trade）；另一种是新企业的进入和出口种类的扩张，即出口广度的增长（the extensive margin of trade）（Melitz，2003；Chaney，2008）。

由命题1和命题2可知，基础设施水平的提高不仅可以提高企业的出口深度（出口数量），而且还能够促使更多的企业进行出口，增加出口的广度。同时，相对于那些低技术复杂度产品而言，基础设施对高技术复杂度产品出口广度和出口深度的影响更大。因此，基础设施的完善能够从"出口广度"和"出口深度"两个方面提高一国的出口产品复杂度。[1]

2.3.5　地理集聚及产业集聚对中国出口的影响

王永进等（2009）通过构建理论模型考察了地理集聚影响地区出口比较优势的微观机制，地理集聚可以缓解不完全契约下由于"敲竹杠"（Hold-up）导致的投资不足问题，进而影响不同行业的相对劳动生产率，从而成为比较优势的重要来源。地理集聚程度高的地区将在契约密集度高的产品上具有比较优势，并且契约不完全程度越高，地理集聚对其比较优势的影响越大。进一步运用中国省区的产业数据的经验分析表面，地理集聚显著影响了中国地区出口优势。地理集聚程度高的地区更倾向于出口契约密集度比较高的产品上，而且在契约质量居中的地区，地理集聚对比较优势的影响最大。[2]

刘志彪、张杰（2009）认为，中国本土企业的出口竞争优势，在

---

①　王永进，盛丹，施炳展，李坤望. 基础设施如何提升了出口技术复杂度？[J]. 经济研究. 2010，7：103-115.

②　王永进，李坤望，盛丹. 地理集聚影响了地区出口比较优势吗？[J]. 世界经济文汇. 2009，5：61-75.

很大程度上是与其内部具有"弹、专、精"的众多地方产业集群式生产分工体系的存在密不可分。产业集群内广泛的产业链乃至产品内分工所形成的纵向非一体化分工协作网络,有效地降低了各个环节零配件与组装企业的生产成本,极大地降低了产品生产成本,使集群具有强大的低成本出口竞争优势。集聚所带来出口优势的另一个因素,是集群形态所内含的"柔性""弹性""快速反应"的供货能力和大规模定制能力。这种灵活多变的供货能力和大规模定制能力,有效降低出口贸易中的不确定,提高了企业对国外客户快速变化需求的反应速度,降低国外客户的搜寻成本,降低企业进入国外市场的壁垒和沉淀成本,促进企业出口的扩张(Greenaway and Kneller, 2008)。综合这两方面因素,产业集群这种企业区位因素应当与企业出口密集度之间呈现正向相关关系。①

张杰、张培丽、黄泰岩(2010)指出,中国企业生产效率与众多地方产业集群的存在密不可分。集群内广泛的产业链乃至产品链的纵向非一体化所带来的专业化分工协作网络体系,有效降低了各个环节零与组装企业的生产成本,从而极大地降低了产品生产成本,使得依靠集群形态生产的产品具有强大的低成本出口竞争优势。②

2.3.6 制度对中国出口的影响

制度安排不仅对经济增长有重要影响,而且还会显著影响一国的比较优势和对外贸易结构。由 Williamson(1985)③、Grossman 和

---

① 刘志彪,张杰. 我国本土制造业企业出口决定因素的实证分析 [J]. 2009, 8: 99-112.

② 张杰,张培丽,黄泰岩. 市场分割推动了中国企业出口吗? [J]. 经济研究. 2010, 8: 29-41.

③ Williamson, O., The Economic Institution of Capitalism. New York: Free Press, 1985.

Hart（1986）[1]以及 Hart 和 Moore（1990）[2] 等人开创的不完全契约理论，为建立制度质量与比较优势的理论基础提供了思路。该理论指出，由于契约的不完全性，事前的专用性投资无法写入契约或无法向第三方（如法庭）证实，那么进行专用性投资的一方将不可避免地面临被"敲竹杠"（holdup）的风险，这就导致了投资的低效率。而良好的制度环境能够有效地缓解不完全契约所导致的敲竹杠问题，从而提高投资效率，促进贸易的扩张。

现有文献将不完全契约理论与传统的贸易理论相结合，主要从两条思路建立制度质量与比较优势之间的理论机制：第一条思路认为，除了技术水平和要素禀赋，制度差异可以视为一国比较优势的第三大影响因素（Levchenko，2007[3]；Nunn，2007[4]）。在一个不确定性的世界中，由于契约的不完全性，企业在原材料和中间产品采购、生产和最终产品销售的过程中，将不可避免地面临事后的敲竹杠问题，这就降低了企业经营的预期收益，从而降低了事前的专用性投资，并导致投资的低效率。由于某些行业对制度质量的依赖性更强，因此，随着制度质量的改善，那些对制度依赖程度高的行业，即所谓的"契约密集型"行业将会获得更快的发展，这就意味着，制度质量较高的国家将会在契约密集行业拥有比较优势；第二条思路是从制度因素的角度将传统的李嘉图比较优势理论内生化，从而建立制度质量与比较优

---

[1] Grossman, S., and O. Hart, "The Costs and Benefits of Ownership: A Theory of Vertical and Lateral Integration", Journal of Political Economy, 1986, 94 (4), 691-719.

[2] Hart, O., and J. Moore, "Property Rights and Nature of the Firm", Journal of Political Economy, 1990, 98 (6), 1119-1158.

[3] Levchenko, A., "Institutional Quality and International Trade", Review of Economic Studies, 2007, 4 (3), 791-819.

[4] Nunn, N., "Relationship – Specificity, Incomplete Contracts, and the Pattern of Trade", Quarterly Journal of Economics, 2007, 122 (2), 569-600.

势之间的理论联系。这些文献认为，传统比较优势理论所强调的技术水平和要素禀赋都是经济增长的结果，而这些因素本身都受到制度变量的影响，为此制度才是决定一国比较优势的根本因素。具体而言，制度质量会影响劳动分工和技术采用，进而影响行业间的相对劳动生产率，最终决定一国的比较优势（Vogel，2006[①]；Acemoglu et al.，2007[②]；Costinot，2008[③]）。

李坤望、王永进（2010）利用中国省区 28 个行业数据检验了契约执行效率对出口贸易的影响。实证结果显示，契约执行效率高的地区更倾向于专业化生产和出口契约密集度较高、物质资产专用性较强和人力资产专用性较弱的产品。在控制比较优势的其他影响因素及变量内生性之后，上述结论依然稳健。[④]

金祥荣、茹玉骢、吴宏（2008）在新经济地理学分析框架中构建了一个两国三地区的垄断竞争开放模型，考察了地区出口差异形成的微观机制，重点研究了地方制度质量差异对企业生产效率和地区出口规模的影响。在此基础上利用 1998—2004 年期间的 4 年非连续数据所做的经验研究发现，在控制了地区技术水平、地理因素、劳动人口、FDI 流入等变量差异后，法律制度和产权保护制度因素对地区出口差异具有显著影响，其敏感性呈上升趋势，并超过了地理和外资分布差异的敏感性。因此通过改善企业生存的制度环境有助于缓解地区出口差异，缩小

① Vogel, J., "Institutions and Moral Hazard in Open Economies", Journal of International Economics, 2007, 71 (2), 495-514.

② Acemoglu, D., P. Antras, and E. Helpman, "Contracts and Technology Adoption", American economic Review, 2007, 97 (3), 916-943.

③ Costinot, A., "On the Origins of Comparative Advantage", Journal of International Economics, 2009, 77 (2), 255-264.

④ 李坤望，王永进. 契约执行效率与地区出口绩效差异——基于行业特征的经验分析. 经济学（季刊）[J]. 2010, 9 (3): 1007-1028.

地区间经济发展不平衡。①

张杰、李勇、刘志彪（2010）运用中国省际层面4分位行业数据，运用固定效应模型和工具变量方法发现，在制度越是完善的省份，越是制度依赖型的行业越具有较高的出口份额。进一步，从东、中、西分地区的估算结果来看，无论是东部还是中西部地区，制度因素仍然是影响行业出口差异的重要因素。②

2.3.7 出口退税、汇率、国外需求对中国出口的影响

出口退税是一国政府对出口商品退还其征收的增值税、消费税，试图使该商品以不含税价格公平地参加市场竞争，以促进本国出口的一种税收政策。相对于进口关税对一国生产能力的影响而言，出口退税一方面能提高总需求，另一方面能促使该国充分利用现存生产能力，因而出口退税受到许多国家青睐。出口退税是国际上通行的做法，各国依各自国情采取不同的退税政策。

Chao等（2001）从产品市场、要素市场出发，研究了出口退税对于失业率、国内产出以及本国福利、出口量等的影响，并以中国1985—1999年的统计数据进行了检验，结果表明，从长期来看，出口退税、外国收入、汇率变动等因素对中国出口有显著的影响，但是在短期内，只有出口退税的影响是显著的。③

出口退税政策旨在扩大商品出口和需求及增加就业，但出口退税也

---

① 金祥荣，茹玉骢，吴宏.制度、企业生产效率与中国地区间出口差异［J］.管理世界.2008，11：65－77.

② 张杰，李勇，刘志彪.制度对中国地区间出口差异的影响：来自中国省际层面4分位行业的经验证据［J］.世界经济.2010，2：83-103.

③ Chao, Chi－Chur, Chou, W. L. and Yu, E. S. H. "Export Duty Rebates and Export Performance：Theory and China's Experience." Journal of Comparative Economics, Vol 29, 2001, pp. 314－326.

带来了税收收入减少、财政（特别是中央财政）负担沉重等消极影响。阎坤和陈昌盛（2003）从总量与结构两方面分析了出口退税政策的两难选择：一方面是弱的中央财政无力支付庞大的出口退税款，要求降低出口退税率；另一方面，国民经济综合发展，需要激励企业扩大出口，需要提高出口退税率来提高企业的国际竞争力。①

陈平、黄健梅（2003）运用协整分析等工具研究了出口退税政策对中国出口的影响，发现出口退税政策通过实际有效汇率对企业出口盈利水平产生了显著的影响，出口退税政策无论在长期还是在短期对促进中国的出口增长均起着极其重要的作用，而刘穷志（2005）的研究认为出口退税对出口仅存在短期的影响。②

王根蓓（2006）通过建立一个古诺模型，研究了国内税率、出口退税率以及汇率等政策对出口企业最优出口销量与国内销售量的影响，并对各种单一政策与多项政策组合的调整效力进行了排序，认为：就单一政策的调整效力而言，出口退税优于国内税收与汇率政策；就政策组合的调整效力而言，出口退税与国内税收的政策组合优于国内税收与汇率政策的组合。③

Chen 等（2006）建立了一个国内企业、国外企业在第三国市场出口的古诺竞争模型，研究了出口退税政策对本国出口的影响。结果表明，出口退税率的提高会促进本国对第三国的出口量，而降低国外竞争者对第三国市场的出口量。Chen 等（2006）使用中国 1985—2002 年的统计数据，对出口退税与出口量之间的关系进行了研究，认为出口退税

---

① 阎坤，陈昌盛. 出口退税、扩大出口与财政效应 [J]. 管理世界. 2003，11：42-51.

② 陈平，黄健梅. 中国出口退税效应分析——理论与实证 [J]. 管理世界. 2003，12：25-31.

③ 王根蓓. 论中间品贸易存在条件下国内税收出口退税与汇率调整对出口企业最优销量的影响 [J]. 世界经济. 2006，6.

与出口量之间存在正相关关系。Chen 等人还将出口产品分为初级产品及加工制成品两类，研究了分类产品出口与出口退税的关系。他们认为，出口退税对初级产品中的动植物产品出口作用不显著，而与加工制成品大多显著正相关。[①]

Chao 等（2006）从出口退税政策的福利效应角度研究了出口退税对于企业产出以及中间品购买选择的影响，并运用 GTAP 模型对中国实际出口退税情况分税种和分行业进行了经验分析和模拟，研究结果显示，出口退税政策在整体上起到了促进出口的作用，但是对不同行业的影响不同。出口退税对电子、汽车和其他运输设备、化工塑料产品、其他制造业产品、纺织品、服装都会带来正面影响，而对农产品、食品以及自然资源部门会带来负面冲击。[②]

谢建国、陈莉莉（2008）在一个出口决策模型的基础上研究了出口退税对中国的工业制成品出口的影响，并利用 1985—2005 年数据进行了检验，结果表明，出口退税能够有效促进中国工业制成品出口的长期增长。进一步研究表明，出口关税退还和出口增值税退还作用效果存在显著的行业差异，对 SITC7 机械与运输设备类产品而言，出口关税退还的出口促进作用比出口增值税退还的出口促进作用更为显著。[③]

封福育（2010）基于我国 1995 年 1 季度至 2008 年 3 季度数据，通过建立和估计门限回归模型考察人民币实际汇率波动对我国出口贸易

① Chen, Chien – Hsun, Ma, i Chao – Cheng and Yu, Hui – Chuan. "The Effect of Export Tax Rebates on Export Performance：Theory and Evidence from China." China Economic Review, 2006, 17 (2), pp. 226 – 235.

② Chao, Chi – Chur, Yu, Eden S. H. and Yu, Wusheng. "China's Import Duty Drawback and VAT Rebate Policies：A General Equilibrium Analysis." China Economic Review, 2006, 17 (4), pp. 432 – 448.

③ 谢建国，陈莉莉. 出口退税与中国的工业制成品出口：一个基于长期均衡的经验分析 [J]. 世界经济. 2008，5：3 – 12.

的影响。实证分析的结果表明：在不同的波动幅度下，汇率水平变化对我国出口贸易的影响呈不对称特征。当汇率波动幅度小于 1.26% 时，实际汇率贬值，我国的出口贸易量将增加；然而汇率波动幅度大于 1.26% 时，汇率与出口贸易之间关系并不显著，实际汇率贬值并不能改善我国的出口状况。①

冯蕾（2010）基于国民收入核算恒等式，分析了上世纪 80 年代以来我国历次出口下降的原因，其中有外部因素导致的出口下降和实际有效汇率升值导致的出口下降。

全球性经济危机或者主要贸易伙伴国发生经济危机，均会导致本国出口下降，有时会在极短的时间内大幅下降。当出口依存度较高时，会对经济产生巨大的下行压力。如果政府及时采取扩张性财政和货币政策，国内投资、消费能够弥补外需缺口，则对经济的影响有限；但是如果内需不振，继而会发生订单减少、工业产出增长停滞、失业率上升、收入下降进而消费缩减等连锁反应，最坏可能形成经济衰退之局面。而且，出口结构越倾向于一般贸易，受外部的冲击越严重。

实际有效汇率可以反映出一国产品的出口竞争力，实际有效汇率升值，出口竞争力下降，出口总额相应下降；反之则上升。实际有效汇率上升的途径有二：一是名义双边汇率升值，二是相对于外国本国通货膨胀率提高。名义汇率升值与外部危机一样均属于外生冲击，但冲击力度要缓和得多（只要不是一次性官方宣布大幅升值），反而具有促进企业优化产品结构、加快国内产业结构调整的作用，短期看对经济确有暂时性不利影响，但长期有助于经济增长。如果实际汇率升值是由于本国过高的通货膨胀率引起的，则出口下降可以缓解国内通胀压力，有助于稳定经济。②

---

① 封福育．人民币汇率波动对出口贸易的不对称影响［J］．世界经济文汇．2010，2：24-32.

② 冯蕾．改革开放以来我国历次出口下降的原因及影响分析［J］．统计研究．2010，27（5）：3-11.

马君潞、王博、杨新铭（2010）基于 1981—2006 年 SITC 标准分类的产业数据，运用协整与误差修正模型对人民币汇率变化影响出口贸易结构进行了研究。结果表明，人民币实际汇率的高低在决定出口绩效方面具有非常重要的影响，人民币汇率变化对出口额的影响无论长期还是短期都是显著的；人民币汇率波动对出口分类影响存在较大差异，按影响程度的大小依次为制造业的劳动密集型产品、资本和技术密集型产品、食品和资源密集型产品。①

黄静波、曾昭志（2011）利用 1997 年 1 月至 2009 年 7 月的月度数据，使用 ARDL-ECM 模型和边界协整检验分析了人民币汇率波动、FDI 流入和人民币汇率制度改革等对我国出口的长期影响和短期影响。研究发现：FDI 流入在长期对我国出口有促进作用，人民币实际有效汇率上升在长期对我国出口有阻碍作用，在短期对出口影响不显著；人民币汇率波动幅度在长期对出口影响不够显著，但是汇率制度改革后人民币汇率波动幅度上升短期对出口产生了负面影响；人民币汇率制度改革在长期对出口影响不显著。②

钱金保、王美今（2010）在重力方程中引入不可观测的周期性因素，用于分析中国出口的变化及其决定因素。使用 Pesaran（2006）的异质性面板、Bai（2003）的共同因子等新提出的方法分别估计重力方程和周期性因素。结果表明，中国出口具有明显的供给推动特征，国内产出是引起出口增长的最主要因素；国外产出和汇率是导致出口波动的重要因素。③

---

① 马君潞，王博，杨新铭. 人民币汇率变动对我国出口贸易结构的影响研究[J].国际金融研究. 2010，12：21-27.

② 黄静波，曾昭志. 人民币汇率波动、FDI 流入对出口影响之分析［J］. 中山大学学报（社会科学版）. 2011，51（1）：192-199.

③ 钱金保，王美今. 国际商业周期对中国出口的影响［J］. 统计研究. 2010，27（9）：26-35.

2.3.8　简单评述

关于影响中国出口增长的主要因素，国内的研究主要包括两个方面：一是从宏观发展战略层级的研究，分别从古典贸易理论和新贸易理论的角度，思考到底是比较优势还是规模经济决定一国的行业出口增长。二是结合中国发展实践的经验研究，或侧重于对现有理论的检验，或侧重于发现中国出口迅速增长的特殊之处。

已有文献的研究认为以下的因素是重要的。分别是要素禀赋、FDI、金融发展、市场分割、基础设施、地理集聚、产业集群、制度、出口退税、汇率和国外需求等因素。而对于发展战略对出口影响，研究的较少，而且只是在理论上进行了分析，并没有从实证方面加以研究。

因此，重点研究赶超战略对出口的影响并进行实证研究应是一个新颖的视角，这是本书要做的工作之一。

本章小结

本章主要对中国消费投资结构失衡的文献、要素收入分配结构失衡的文献以及中国出口贸易增长的文献进行回顾和整理。

关于中国消费投资失衡的相关文献的研究结果表明，影响消费投资关系的因素主要是赶超战略、财政制度、经济发展阶段、收入分配、住宅投资、房价、老年抚养比、地域文化传统和经济体制等。相关研究主要都是描述性研究，理论研究，进行实证研究偏少，从发展战略层面进行理论研究和实证研究的只有方红生等（2010）。

关于中国要素收入分配结构失衡的相关文献的研究结果表明，影响中国要素收入分配结构的主要因素有产业结构转型、经济发展水平、资本产出比、资本偏向性技术进步、全球化、要素市场扭曲、教育投资、人力资本、劳动力的无限供给、民营化、"谈判力量"机制、工会的缺位、政府倾向于资本的发展政策和经济发展战略。在以上研究中，除了杨俊等（2010）、孙慧文（2011）和方红生等（2011）外，其他研究都忽视了发展战略的作用。但杨俊等（2010）的研究在理论和实证时前后逻辑有些不一。方红生等（2011）利用 90 年代以来的数据进行了实证研究，本书将用中国更长时间跨度的数据进行研究。

关于中国出口规模扩张的决定因素，已有文献的研究认为以下的因素是重要的，分别是要素禀赋、FDI、金融发展、市场分割、基础设施、地理集聚、产业集群、制度、出口退税、汇率和国外需求等因素。而对于发展战略对出口影响，已有文献只是在理论上进行了分析，并没有从实证方面加以研究。

本章通过梳理中国消费投资结构失衡、要素收入分配结构失衡以及中国出口贸易增长的文献，为我们后面的研究奠定了理论基础。

第 3 章　发展战略与中国消费投资结构失衡
——来自中国省级层面的经验证据

3.1　引　言

20 世纪 90 年代，尤其是 2000 年以来消费投资关系失衡程度明显加深，以内需不足和过度投资为主要特征的消费投资失衡，是中国经济内部失衡最突出的表现，长期困扰着中国经济。当前对中国消费投资结构失衡的研究中，主要有以下几个方面：

关于投资消费失衡危害。如过度投资造成投资效率低下（韩立岩、蔡红艳，2002；蒋云赟、任若恩，2004；张军，2002 等），使得银行不良资产不断累积（吴敬琏，2004；T. G. Rawski，2003），导致过度能耗和资源破坏（吴敬琏，2005；经济增长前沿课题组，2003；周力和王培华，2006 等），还蕴藏着通货膨胀风险（北京大学经济研究中心宏观组，2004）；消费率过低有违经济发展的初衷，内需不足使得中国经济对外依存度过高（吴敬琏，2005；华民，2007；邹卫星、房林，2008；张卓元，2009；李永友，2010）；投资和消费失衡造成了大范围的产能过剩（T. G. Rawski，2003；王远鸿，2007；房林、邹卫星，2008；余文建等，2010）。

关于消费投资失衡的原因。邹卫星、房林（2008）从高积累的形成机制、循环积累机制和政府调控机制三个方面系统地分析了中国投资消费失衡的形成机制；蔡跃洲、王玉霞（2010）认为，经济发展阶段及城市化水平、经济外向型程度、地域及文化传统、经济体制等都对投资消费结构有显著影响；刘伟、蔡志洲（2010）从宏观的政策调控层面、中观的地方政府层面或者行业发展层面、微观的要素市场层面以及从中国所处的特定经济发展阶段上分析了消费投资失衡的原因；李永友（2010）认为中国需求结构失衡在某种程度上是财政体制、财政制度和财政政策内生的结果；方红生等（2010）提出赶超战略、税制结构和房价等导致的政府扭曲是中国消费投资结构失衡的根本原因，而发展阶段和老年抚养比导致的市场扭曲在即使没有政府扭曲情况下，中国都会经历一个低消费率和高投资率的阶段。

　　本章关注的重点是中国消费投资结构失衡的原因。在已有研究消费投资失衡的原因文献中，描述性研究较多，基于政策操作基本层面的研究较多，理论研究多。只有方红生等（2010）首次从发展战略的层面出发，提出赶超战略导致的政府扭曲是中国消费投资结构失衡的根本原因，并进行了实证研究。

　　前文已提到，20世纪90年代中期以来，中国地方政府执行的是违背比较优势的赶超型发展战略，此前执行的是倾向于比较优势的发展战略。蔡昉（2009a；2009b）认为，赶超型发展战略是一项重大的政府扭曲，方红生等（2010）的研究表明，赶超战略导致的政府扭曲是中国消费投资结构失衡的根本原因。本章将在方红生等（2010）的研究基础上，利用时间跨度更长的中国省级面板数据来考察发展战略等因素对消费投资关系的影响，这是在方红生等（2010）的研究基础上的拓展。

　　本章首先回顾改革开放后中国消费和投资的关系，总结其变化特点。然后在整理已有研究的基础上，阐述中国消费投资结构失衡的原因，并具体就赶超战略影响消费投资失衡的机制展开分析。我们的分析认为，基于经济绩效（尤其是GDP）考核的竞争和以生产性增值税为基础的分税制促使地方政府执行赶超战略，导致要素市场负向扭曲进一步强化，扶持企业大力发展本没有自生能力的资本密集型产业，直接推动投资率上升；导致要素收入分配向政府和资本倾斜，而分配关系决定了消费与投资支出的比重，推动投资率上升，消费率下降。为了验证我们的解释，通过建立计量模型，在控制了经济发展阶段和金融发展变量后，利用中国 27 省区 1985—2008 年的面板数据进行实证检验。

　　本章的其余结构安排如下。在第二部分，我们将回顾改革开放后中国消费和投资的关系，总结投资与消费结构变化特点。在第三部分，分析中国消费投资结构失衡的原因以及赶超战略对消费投资结构失衡的影响机制。第四部分是模型设定、变量说明、计量方法与数据说明。第五部分是对模型的检验。最后是结论与政策建议。

3.2　中国消费与投资关系的回顾

　　图 3-1 和图 3-2 是 1978 年以来，中国消费、投资总额和消费率、投资率的变化示意图。从图中我们可以看出，一方面，是消费率的波动下行，另一方面，是投资率的震荡上行，消费率与投资率逐渐收缩至 46% 左右。下面，从消费和投资各自变化情况做一详尽描述。

图 3-1　1978—2008 年中国消费与投资关系图

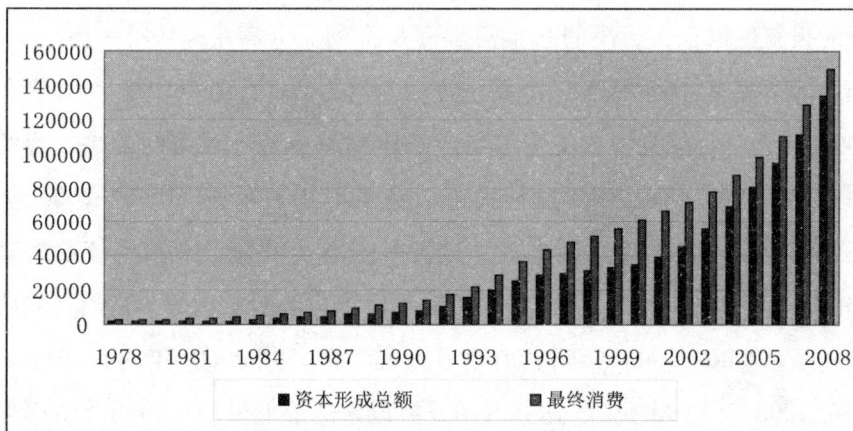

图 3-2　1978—2008 年中国消费率与投资率对比

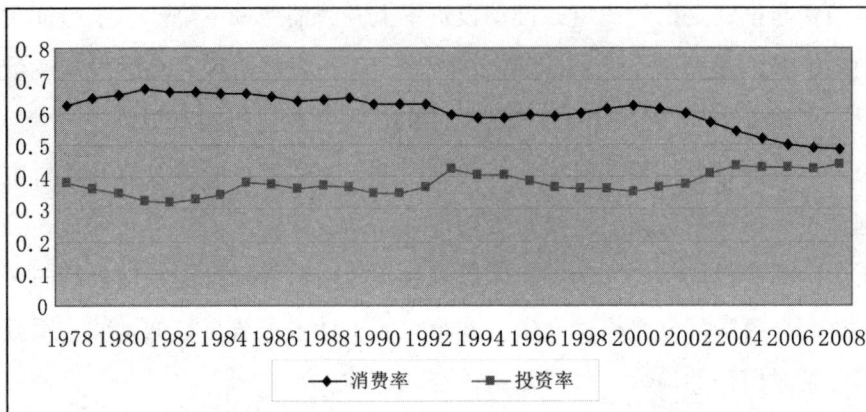

3.2.1　中国消费率的阶段性变化

从图 3-2 中我们可以看出，1978 年以来，中国的消费率先是小幅上涨（1978—1981 年），然后进入一段较为平稳的下降周期（1982—1995 年），接着又有一段小幅上涨时期（1996—2000 年），最后是一段较为猛烈的下降期。

具体说来，在 1978—1981 年间，中国的消费率由 62.1% 上升到 67.1%，达到改革开放以来的峰值。这段时间消费率上升的原因，是消费的报复性增长，居民的基本需求逐步得到充分满足。1981—1995 年间，消费率基本呈现逐步下降趋势，由 67.1% 下到 58.1%，虽然在 1990 年前后，受党中央关于市场经济体制改革若干政策的影响，消费率有过短暂的上升，但是总体而言消费是不断下降的。1996—2000 年间，消费率连续 5 年逐渐上升，这段时间基本覆盖了中国经济通货紧缩的六年（1997—2002 年），与投资不振形成鲜明对比的，是消费的持续走强。2000—2005 年间，消费率大幅下降，从 2000 年的 62.3% 下降到 2008 年的 48.6%，达到改革开放以来的最低值。从曲线的斜率来看，这段时间消费率的下降是非常猛烈的。这又与 2003 年以来 GDP 超

56

过两位数的平均增长率形成鲜明对比。

为了探究最终消费率变动背后的事实，还需要对消费的各个组成部分加以研究。一国的最终消费支出分为居民消费支出和政府消费支出。其中，居民消费支出指常住居民在一定时期内对货物和服务的全部最终消费支出，政府消费支出指一定时期内政府为社会提供的公共服务的消费支出以及免费或以较低价格向居民住户提供的货物和服务的净支出。

图 3-3 是按照居民消费和政府消费在全部消费中的占比所绘制的 1978—2008 年居民消费占比和政府消费占比的历史变化图。

图 3-3　1978—2008 年中国消费内部结构变化

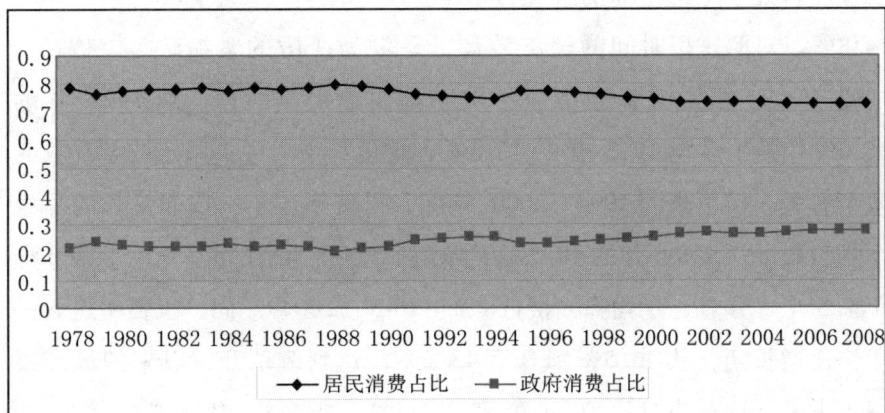

从图 3-3 中可以明显看出，在不同时期，居民消费和政府消费对最终消费的贡献并不同。在 1978—1979 年，政府消费弥补了居民消费的下降；从 1981 年开始，政府消费逐渐走弱，居民消费逐步走强，到 1988 年政府消费落到了改革开放以来的最低点，而居民消费则攀升至改革开放以来的最高点；此后政府消费所占比重开始加大，居民消费有所降低，到 1994 年前后，政府消费又来到了一个高点，而同期居民消费达到了一段时间内的最弱；之后居民消费比重快速小幅上升，1996 年是 1990 年代中后期的最高点；此后居民消费一路走低，到 2008 年

已降至 72.69%，政府消费则升至 27.31%。

3.2.2 中国投资率的阶段性变化

重新回到图 3-2，相比于消费率的总体性下降，投资率呈显著的总体性上升趋势，而且其波动幅度要大于消费率的波动幅度——由此也验证了经济理论中投资周期性更加明显的观点。1978—1982 年间，投资率大幅下降，从 1978 年的 38.2% 下降到 1982 年的 31.9%，这与这段时间国民收入重点补偿改革开放以前居民收入欠账有关。1982—1985 年间，投资率小幅快速上升，从 1982 年的 31.9% 迅速上升到 1985 年的 38.1%，这应当视为投资的恢复性增长。1986—1991 年间，投资率总体而言处于小幅下降的过程，从 1986 年的 37.5% 下降到 1991 年的 34.8%。对照这段时间的经济政策，是较为严厉的紧缩政策。1992—1993 年间，投资率又经历了一次小幅快速上升阶段，从 1992 年的 36.6% 快速上升至 1993 年的 42.6%，这也与当时中央坚定改革开放的政策有关。接下来的 1994—2000 年间，投资率出于一段非常长的平稳下降阶段，从 1994 年的 40.5% 下降到了 2000 年的 35.3%，一共下降了 7.3 个百分点，年均降幅接近 1%。2001—2004 年间，投资率进入一段快速增长期，从 36.5% 攀升至 43.2%，达到改革开放以来的最高投资率水平，这与当时的经济形势和"双松"的经济政策是必然联系的。2005—2007 年，由于宏观经济政策的紧缩和一些行政干预政策的出台，投资率变动趋稳，保持在 42.6% 上下，2008 年，为应对经济危机政府加大了投资，投资率上升为 43.5%。

投资又称资本形成总额，从核算角度而言，它分为固定资本形成和存货增加两部分。

下面从这两部分分别分析投资率的变化趋势。下图 3-4 是按照固定资本形成和存货增加在全部投资中的占比绘制的固定资本形成和存货增加的历史变化示意图，时间区间为 1978—2008 年。

图 3-4　1978—2008 年中国投资内部结构变动

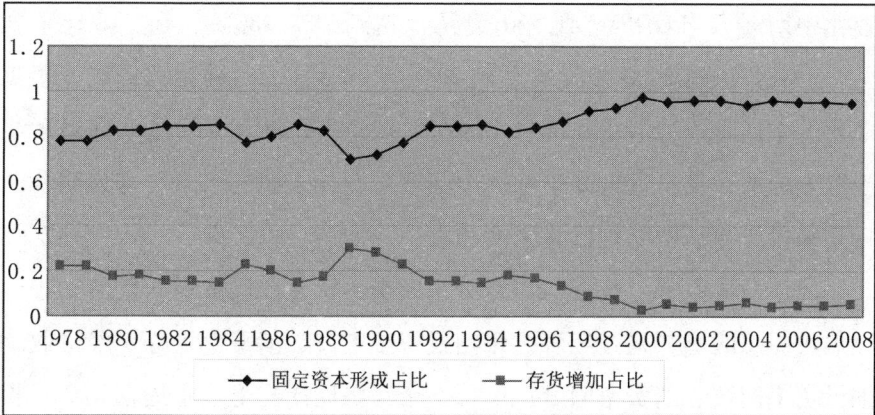

从图 3-4 可以看出，投资特别是其中的固定资本形成总额波动较大，往往会在上升通道中出现某一年的突然下降，随即又立刻上升，这样的情况出现在 1985 年和 1995 年。总的来看，剔除这两年之外，固定资本形成总额和存货增加的变动可以大致划分为四个阶段。1978—1987 年间，固定资本投资总额占比基本呈现上升趋势，从 1978 年的 77.9% 上升到 1987 年的 85.1%。1988 年—1989 年间，固定资本投资总额占比经历了两年的下降，降至改革开放以来的最低点 69.8%。1990—2000 年间，上升步伐逐步加快，在 2000 年达到了 97.1% 这一最高水平。2001 年以来，这一比例基本稳定在 95% 左右。对比图 3-4 和图 3-2 不难得出如下结论：除了 1985 年以前和 1995—2000 年的反向变动以外，固定资本投资总额占比的变动基本决定了投资率的变动，而存货的变动在 1985 年以前和 1995—2000 年这两段时间内都主导了投资率的变动，这一方面与价格变动有关，另一方面也与存货数量的变动有关，甚至关系更大。

3.2.3　小结

前世界银行副行长钱纳里和塞尔奎因等经济学家对多个发展中国家

工业化进程的研究结果表明，发展中国家的投资率和消费率的比例标准应该是在工业化初期（人均 GDP 达到 140 美元）达到 15%：85%，在工业化中期（人均 GDP 达到 560 美元）达到 20%：80%，在工业化末期（人均 GDP 达到 2100 美元）达到 23%：77%[①]。而目前我国仍然处于工业化的中期阶段，但是我国自 1988 以来的投资和消费的比率却远远高于以上标准，甚至远远高于发展中国家工业化末期的水平。这说明我国近年来投资与消费结构已是失衡状态。

改革开放以来，投资与消费关系失衡的状况在经济周期性变动中继续加重。总的趋势是：经济扩张期投资率上升、消费率下降，经济收缩期投资率回落、消费率回升；但每一个经济周期与上一个周期相比，投资率都提高了一个台阶，消费率降低了一个台阶。

3.3 对中国消费投资结构失衡的解释

上一节我们回顾了中国消费和投资的关系，总结出近年来投资与消费结构已是失衡状态。那么究竟是什么原因致使中国消费投资结构失衡呢？这一节我们在综合整理已有研究的基础上，对这个问题做出回答，并具体分析赶超战略对消费投资结构失衡的影响机制。

3.3.1 中国消费投资结构失衡的原因分析

消费投资结构失衡之所以能够发生并长久维持，应该从国内经济环境和国家发展战略等方面去寻找原因。

在经济起步阶段，国内经济环境往往有以下特点：首先，劳动力资源丰富，甚至有可能是"无限供给"，过度的生存竞争很有可能导致低

[①] 钱纳里、鲁宾逊、塞尔奎因. 工业化和经济增长的比较研究 ［M］. 上海：上海三联书店 . 1995.

工资制度的产生。其次，资本供给不足。在经济起步阶段金融体制往往还没来得及理顺，为了加快经济发展，特别是支持国家支柱企业和政府融资，政府往往实行"低利率"。第三，土地管理不严，工业用地宽裕。地方政府为了发展经济，大量廉价提供工业用地，土地政策宽松。第四，总供给远小于总需求，市场需求基本没有约束。

上述国内经济环境导致资本的尊贵地位。在实践中，中国政府实行了投资主导型发展战略，几乎是作为必然结果，"资本偏向"型收入分配制度上位，即低工资政策的实行。客观地讲，这种发展战略及其与之相适应的收入分配制度基本适应了当时经济发展阶段的需要。经济起步阶段，劳动力资源丰富，但资本稀缺，这样的生产要素条件是国家发展战略的基础。因而，努力完成资本积累的现实途径就是发展劳动密集型产业，并实行低工资、低利率、低地租的"三低政策"。

长期的低工资制度必然导致消费不足，也正是由于在经济起步阶段，国家经济环境没有发生改观，消费投资结构一直处于失衡状态。

即便是进入经济起飞阶段，资本日益丰富，采用先进技术，发展资本密集型产业有了现实条件，低收入分配制度也难以得到改观，消费投资结构仍然处于失衡状态。这是因为，面对变化的经济环境，转型的"制度刚性"和路径依赖的演化惯性的存在使得国家发展战略和制度调整相对滞后。

经济发展进入起飞阶段后，投资的扩张产生了两个效应：一是对消费能力，尤其是居民消费能力形成进一步挤压；二是形成更大规模的未来产能。资本偏向型战略导致国民经济重化工倾向，经济增长不能创造更多的就业机会，参与社会分配的人数也就难以保证；投资挤压消费，低收入工资制度导致单位社会分配的劳动所得偏低。资本偏向型战略和低收入制度从这两个方面约束了公众消费能力，国内消费必然不足。

与此同时，资本偏向型战略和低收入制度又使得追加投资成为逐利的主要手段，企业投资冲动强烈。强烈的投资冲动形成巨大的生产能力，在内需不足的情况下，投资和消费出现不协调，其突出表现是储蓄和投资出现失衡，投资和消费关系的不平衡使得国民收入分配持续向投资倾斜，消费增长受到严重制约，生产和消费严重失衡。

以上是对消费投资失衡的综合解释，下面具体分析赶超战略对消费投资失衡的影响机制。

3.3.2 赶超战略致消费投资失衡的机制

蔡昉（2009a；2009b）认为，20世纪90年代中期以来，中国地方政府所执行的发展战略与20世纪90年代中期前所执行的发展战略完全不同，此前执行的是倾向于比较优势的发展战略，而之后执行的是违背比较优势的赶超型发展战略。赶超战略是一个非常重大的政府扭曲，方红生等（2010）的研究发现，赶超战略导致的政府扭曲是中国消费投资结构失衡的根本原因。下面，我们来分析赶超战略影响消费投资结构失衡的机制。

1. 赶超战略导致要素市场负向扭曲进一步强化，扶持企业大力发展本没有自生能力的资本密集型产业，直接推动投资率上升

政治绩效的考察依赖于经济绩效的表现，这就导致地方政府竞争关系的产生（周业安，2002；周黎安，2004）。地方政府的竞争关系直接导致各地追求经济资源的扩张，而中央和地方经济上的分权为地方政府提供了较为独立的经济决策环境。地方政府通过提供一系列超级待遇（税收优惠、降低劳工和环保管制的要求、提供廉价工业用地和补贴性配套基础设施、提供银行贷款和到股票市场和债券市场圈钱的便利、给予垄断地位和发展所需要的各种资源的优先权），使得劳动力市场、资本市场、自然资源市场和土地市场的要素价格小于或低于其机会成本或其边际生产力所决定的均衡价格，要素市场负向扭曲进一步强化，从而扶持企业大力发展本没有自生能力的资本密集型产业（降低其生产成本并提高其资本报酬），直接推动投资增长，投资率上升。

2. 赶超战略导致要素收入分配向政府和资本倾斜，而分配关系决定了消费与投资支出的比重，推动投资率上升，消费率下降

地方政府的这种行为也将导致资本密集型产业中的资本报酬占 GDP 比重的上升和劳动报酬占 GDP 比重的下降。同时，因为融资难和民间借贷利息成本高，所以处在劳动密集型产业中的企业为了在激烈竞争中获得生存空间和发展所需要的资金，就不得不想方设法压低劳动者报酬。这意味着大力发展资本密集型产业，其结果将会导致劳动密集型产业中的资本报酬占 GDP 比重的上升和劳动报酬占 GDP 比重的下降。这样，两方面的结合，将导致该地区资本报酬占 GDP 比重的上升和劳动报酬占 GDP 比重的下降，要素收入分配向政府和资本倾斜（赶超战略导致劳动收入份额下降的机制和实证将是我们第四章重点研究的内容）。

在一次分配领域，劳动者工资增长跟不上企业利润增长，企业财富向资本倾斜；在二次分配领域，居民劳动收入增长跟不上财政收入增长，国民财富向政府倾斜。其结果是资本拥有者收入相对上升，劳动者"干多挣少"，相对地位下降。分配关系决定了消费与投资支出的比重及对经济增长的贡献。

要素收入分配向政府和资本倾斜，资本所得、政府税收同个人收入相比，资本所有者大部分也是投资者，他们的边际投资倾向会明显超过劳动者，企业获得的收入越多，其进一步投资的能力也就越强，其吸引新投资的示范效应也就越强；而他们的边际消费率低于劳动者，政府和企业收入主要用于储蓄和投资，不会直接用于最终消费，因此投资率上升，消费率下降。

劳动收入占比的下降直接影响到居民消费，导致消费率下降。方福前（2009）的研究表明，人均收入的变化是居民消费支出变化的主要决定因素；在国民收入分配和再分配过程中，政府在总收入和可支配收入中占有的份额越来越大，而居民占有的份额不断下降，这是 1997 年以来中国居民消费需求持续低迷的原因之一。劳动报酬在初次分配中的

过低比重，制约了居民消费能力。劳动所得用于消费的边际倾向要远远高于资本所得，劳动收入占比的下降使得居民人均收入相对资本报酬和政府收入下降，居民收入尤其是劳动报酬主要用于消费，劳动收入份额下降使不同群体之间的收入差距逐渐拉大，因此，国民收入分配格局变化致使消费需求低迷，消费率下降。

赶超战略对消费投资结构的影响并不是单独起作用的，需与其他因素一起联合作用，下节我们控制经济发展阶段和金融发展等变量后，利用中国分省区 1985—2008 年时间跨度内面板数据对赶超战略影响消费投资结构进行检验。

3.4 模型设定、变量说明、计量方法与数据说明

3.4.1 模型设定

为了检验赶超战略对消费投资结构失衡的决定，我们构造如下两个计量模型，分别考察居民消费率、投资率的决定：

$$\text{Rcon}_{it} = \alpha_0 + \alpha_1 \text{Rcon\_1}_{it} + \alpha_2 \text{TCI}_{it} + \alpha_3 \text{Fd}_{it} + \alpha_4 \text{Lprgdp}_{it} +$$
$$\alpha_5 \text{Lprgdp}_{it}^2 + u_1 + \varepsilon_{it} \tag{3.1}$$

$$\text{Inv}_{it} = \beta_0 + \beta_1 \text{Inv\_1}_{it} + \beta_2 \text{TCI}_{it} + \beta_3 \text{Fd}_{it} + \beta_4 \text{Lprgdp}_{it} +$$
$$\beta_5 \text{Lprgdp}_{it}^2 + u_1 + \varepsilon_{it} \tag{3.2}$$

其中，Rcon 表示居民消费率，用居民消费占 GDP 的比重来度量。Inv 表示投资率，用资本形成总额占 GDP 的比重来度量。TCI 表示赶超战略，用技术选择指数来度量。Fd 表示金融发展，用贷款占 GDP 的比重来度量。L$\text{Pr}gdp$ 是人均实际 GDP 的对数，用来作为经济发展阶段的代理变量。人均实际 GDP 是对人均名义 GDP 经过平减而得，其中平减指数是通过名义 GDP 和 GDP 指数而得。为了考察经济发展阶段与消费率和投资率之间是否存在 U 型和倒 U 型关系，我们在回归方程中添加了人均实际 GDP 对数的平方项（L$\text{Pr}gdp$）。i 代表地区，t 为年份，u_i 是

地区效应，ε_{it}是误差项，α_0，β_0是常数项。下面分别讨论这些解释变量对中国居民消费率和投资率的预期影响。

3.4.2　变量说明

1. 上期居民消费率

由于前期消费具有一定的示范效应，将上期居民消费率作为一个解释变量，我们预期方程（3.1）中 Rcon_1 的系数为正。

2. 上期投资率

考虑到投资具有一定的连续性和滞后性，我们将上期投资率纳入计量方程（3.2）中，作为一个解释变量，预期 Inv_1 的系数为正。

3. 经济发展阶段

方红生等（2010）指出，给定其他条件不变，消费率和投资率与经济发展阶段分别呈 U 型和倒 U 型关系。

经济发展水平较低的阶段，全社会新创造的价值除去基本消费外没有太多剩余，形成了消费率高、投资率低的格局。当经济发展跨越低水平阶段后，全社会新创造的价值除去基本消费外还有较多剩余，加上强烈的增长冲动，社会资源将被更多地用于积累和投资。当经济发展进入较高阶段后，消费需求结构不断升级，经济发展趋于平稳。此时，消费率会有所提高，而投资率则有所下降，整个投资消费结构趋于稳定。上述变动与不同发展阶段的产业结构变动也密切相关。罗斯托、钱纳里等人认为，经济发展过程中主导产业将不断转换。主导产业转换将带来居民收入、消费结构变化，引致投资消费结构变化。①② 在较低发展阶段，

---

① 罗斯托. 经济增长的阶段：非共产党宣言［M］. 北京：中国社会科学出版社. 2001.

② 钱纳里，赛尔昆. 发展的形式 1950—1970［M］. 北京：经济科学出版社. 1988.

第一产业比重较大，第二产业比重很低，全社会资本有机构成较低，积累率也较低；随着经济发展，第二产业比重逐渐加大，投资率也随之上升；进入较高发展阶段后，分工细化和消费升级带来第三产业比重上升和投资率下降。

经济发展还表现为城市化的不断推进。城市化进程对于投资消费结构的影响也非常显著。从消费方面来讲，城市化推进会将城市生活方式普及到更多的人群，引致消费率提高。[①] 而且，城市化推进还会增加对公共服务的需求，带动政府消费。从投资方面来讲，城市化推进过程中必然伴随着大规模的城市建设，从而提高投资率。因此，城市化对消费率的促进可能需要城市化水平达到一定程度后才能逐步显现。

因此，投资消费结构的演变与经济发展阶段密切相关。随着经济由较低水平向较高水平阶段演进，消费率将呈现先下降后上升的 U 型趋势，而投资率则将呈先升后降的倒 U 型趋势。上述背后的主要推动因素是经济发展带来居民收入水平变化和城市化推进，带动消费结构、产业结构的变化和升级。[②]

我们预期方程（3.1）中，$LPrgdp$ 的系数为负，$LPrgdp$ 的系数为正；我们预期方程（3.2）中，$LPrgdp$ 的系数为正，$LPrgdp$ 的系数为负。

4. 金融发展

金融发展是指金融中介体和金融市场的发展，并通过利率和汇率等杠杆促进储蓄以更高的比例转化为投资，提高资金的使用效率和资本的配置效率，以资本积累和技术进步来促进经济增长。随着金融的发展，

---

① 库兹涅茨. 现代经济增长：速度、结构与扩展［M］. 北京：北京经济学院出版社. 1989.

② 蔡跃洲，王玉霞. 投资消费结构影响因素及合意投资消费区间［J］. 经济理论与经济管理，2010，1：24-30.

金融系统将充分发挥其信息收集、风险分担、金融创新等功能，促进金融资源向实体经济转化，进而促进经济增长。考虑到金融发展对投资和消费都有着重要的影响，我们把它作为控制变量引进到计量方程中。

关于金融发展的度量，Arestis 等（2001）考虑到在不发达国家国内信贷的作用，设计了银行贷款占 GDP 的比重这一金融发展规模度量指标。Allen 等（2003）利用结构指数表明，中国银行系统的规模远远地超过了金融市场的规模，尽管中国股市确实比银行要有效得多，但银行在经济中的作用要远大于股票市场，即中国存在一个明显的银行导向型金融结构，所以用银行贷款占 GDP 的比重这一指标来衡量中国金融发展程度也是比较合理的。

毛中根和洪涛（2010）总结了金融发展促进消费的几个途径。如通过促进经济增长增加居民收入，从而促进消费；通过改善居民的预期从而促进消费；消费信贷通过降低流动性约束从而促进消费。消费信贷、抵押信贷的发达减轻消费者流动性约束程度，从而释放出被压抑的消费需求；金融发展通过降低金融中介成本从而促进消费。金融资产的增加通过财富效应可促进消费。

另外，在金融市场不发达的情况下，享受金融服务需要一定的成本，不同收入阶层因收入的不同享受到不同的金融服务，高收入阶层比低收入阶层更容易获得融资支持，低收入阶层难以获得贷款，这将导致收入分配在未来进一步恶化，从而引起消费需求不足，而金融发展能改善这一状况，从而提升消费（贺秋硕，2006）。

综上所述，金融发展水平的提高，有利用消费增长，我们预期方程（3.1）中金融发展的系数为正。

Greenwood 等（1990）指出金融发展可以提高投资效率，即金融发展水平越高的地区的非效率投资越少。Garcí a – Herrero 等（2005）进行了进一步的研究，他们认为金融发展水平比较高的地区，国有银行市场化改革更加深入，这些地区的国有银行在发放贷款尤其是长期贷款时更多的考虑盈利目的而非政治目的，所以政府干预的非效率贷款会减少，一定程度上减少企业过度投资行为。方军雄（2006）使用修正的Wurgler方法研究发现，金融市场发展程度变量与行业投资反应系数显著正相关，金融市场越发达，资本的配置效率越高。强志娟（2010）研究表明，金融发展水平与企业的过度投资程度成负相关，即当上市公司所在地区的金融发展越落后时，企业的过度投资行为越严重，金融发展水平的提高会制约企业的过度投资行为。另外，金融市场的发展也会拓宽中小企业融资渠道，总体上提升投资效率。

金融发展越发达，资本的配置效率越高，有助于提高投资效率，减少企业过度投资行为，从而降低投资率。因此，我们预期方程（3.2）中金融发展的系数为负。

5. 赶超战略

根据我们上一节的分析，赶超战略对消费率的预期系数应为负，对投资率的预期系数应为正。即如果一个地方政府执行赶超战略，那么这个地区消费率降低，而投资率会上升。

林毅夫等（2002）构造了一个技术选择指数（TCI）来度量发展战略的特征，但关于技术选择指数的定义，林毅夫及其合作者共有两个版本，一个是用某赶超行业的资本密集度与整体经济的资本密集度之比来度量（林毅夫等，2002），一个是用某赶超行业的人均增加值与整体经济的人均 GDP 之比来度量（林毅夫，2008）。考虑到 2000 年以后工业固定资本原值数据与林毅夫等（2002）的统计口径严重不一①和估算分省资本存量的争议所引起的数据质量的问题，所以选择后者来定义技术选择指数。

---

① 《中国统计年鉴》只统计 2000－2003 年的全部国有及规模以上非国有的固定资产原价合计；《中国经济普查年鉴 2004》统计的是规模以上工业固定资产原价。

参考林毅夫（2008），方红生等（2010）将技术选择指数定义如下：

$$TCI_{it} = \frac{AVI_{it}/LI_{it}}{GDP_{it}/L_{it}} \qquad (3.3)$$

其中，AVI_{it}是指时期 t 第 i 个地区的工业增加值[①]；GDP_{it}是指时期 t 第 i 个地区的 GDP；LI_{it}是指时期 t 第 i 个地区工业的职工人数；LI_{it}是指时期 t 第 i 个地区的总职工人数[②]。

如果一个地区的地方政府通过推行违背比较优势的赶超战略来推动其资本密集型产业的发展，那么可以预期该地区的 *TCI* 较其他情况而言更高。这是因为，如果一个地区推行了赶超战略，为了解决优先发展的工业中企业的自生能力问题，政府可能会给予这些企业在产品市场上的垄断地位以允许它们制定更高的产品价格，同时还会为其提供补贴性贷款和投入以降低它们的投资成本和运营成本。相对于其他情况下的 AVI_{it} 而言，以上政策措施所导致的 AVI_{it} 更高。同时在其他条件不变的情况下，优先发展的工业中的投资具有较高的资本密集度，能够吸纳的劳动力较少。因此，对推行了赶超战略的地区而言，（3.3）式的分子较大。这样，在收入水平和其他条件给定的情况下，*TCI* 的大小可以被用作一地区推行赶超战略程度的代理变量。

在稳健性的考察中，也计算了基于第二产业的 *STCI*，计算公式是

$$STCI_{it} = \frac{AVSI_{it}/LSI_{it}}{GDP_{it}/L_{it}} \qquad (3.4)$$

其中，$AVSI_{it}$是指时期 t 第 i 个地区的第二产业增加值；GDP_{it}是指

---

① 林毅夫等（2002）计算 TCI 时关注的是工业部门，所以这里计算时的第一选择是工业部门。

② 由于样本期间难以获得完整的工业部门就业人数，所以遵循林毅夫等（2002）用职工人数来替代。

时期 t 第 i 个地区的 GDP；LSI_{it} 是指时期 t 第 i 个地区第二产业的就业人数；L_{it} 是指时期 t 第 i 个地区的总就业人数。①

3.4.3 计量方法

由于面板数据既包括时间序列数据又包括横截面数据，可能出现异方差性和序列相关性问题，从而使普通最小二乘法（OLS）失效，因此，理想的估计方法是采用同时对横截面单元异方差性和序列相关性进行修正的似然不相关法（SUR）。但是，当样本数据中横截面单元很多而时间序列长度又很短时，这种方法通常也是失效的（残差的相关性系数矩阵退化为奇异阵）。而面板数据模型包括固定效应（fixed effects）模型和随机效应（random effects）模型。固定效应模型认为各组截面数据之间的差别，以及时间序列数据随时间的漂移，影响了模型的参数，并用模型参数随组别和时间的变化来体现这种差异，但每组数据和每个时刻相对应的参数均为确定值；随机效应模型认为面板数据中个体的差异更多的是一种随机因素，在模型中引入随机项可体现组别和时间演变带来的变化。

本章使用面板数据的固定效应估计和随机效应估计。具体而言，本书的计量程序如下。（1）采用 F 检验来识别省际效应是否显著和 BPLM 检验来识别随机效应是否显著；如果两者都显著，则用 hausman 检验来选择估计方法。如果只有一个显著，则采用相应的方法进行估计。如果两者都不显著，则采用混合 OLS 方法来估计。（2）我们度量了赶超战略的两个指标，即基于工业的 TCI 和基于第二产业的 STCI，我们分别用这两个指标代理赶超战略进行检验估计，以考察结果的稳健性。

3.4.4 数据说明

本章所用的数据是中国 27 个地区（除西藏、海南、四川和重庆

———————————

① 此处 TCI、STCI 的构造遵循方红生等（2010）的方法。

外）1985—2008 年间的面板数据，其中居民消费、资本形成总额、GDP、GDP 指数和人均名义 GDP 和贷款额来自《新中国 60 年统计资料汇编》和《中国统计年鉴》；工业增加值、第二产业增加值、工业职工人数和总职工人数、第二产业就业人数和总就业人数来自《中国统计年鉴》，其中工业职工人数是各地区按行业分职工人数（年底数）中的"采掘业、制造业和电力、燃气及水的生产和供应业"三个分行业职工人数之和。本章基本变量的描述性统计见表 3-1。

表 3-1　变量的描述性统计（一）

变量	观察值	均值	标准差	最小值	最大值
inv	647	0.4532012	0.1045146	0.239145	0.8494406
rcon	647	0.4442507	0.0994656	0.2172876	0.7047288
TCI	647	0.9725508	0.2744707	0.1775027	2.244535
STCI	648	5.141859	3.509054	1.599093	22.67062
Fd	648	1.012429	0.3670816	0.493	2.772
Prgdp	648	2660.16	3098.579	328.7578	27188.65

3.5　计量结果分析

我们利用 1985—2008 年 27 个省（直辖市、自治区）的面板数据对所设定的计量方程（3.1）和（3.2）进行了固定效应估计和随机效应估计，F 检验表明固定效应显著，BPLM 检验表明随机效应不显著，所以此处我们选择固定效应估计来报告结果。

3.5.1　赶超战略与消费率的决定

表 3-2 报告的是对计量方程（3.1）的估计结果，其中 I 列是基于 TCI 估计的结果，II 列是基于 STCI 的估计结果。

表 3-2   赶超战略与消费率的决定

被解释变量	Rcon	Rcon
	I（fe）	II（fe）
RCON_1	0.7430 ***	0.7230 ***
	(0.000)	(0.000)
TCI	-0.0238***	
	(0.002)	
STCI		-0.0030***
		(0.000)
Fd	0.0089*	0.0146***
	(0.060)	(0.001)
LPrgdp	-0.0677***	-0.0966***
	(0.002)	(0.000)
LPrgdp^2	0.0032**	0.0047***
	(0.014)	(0.000)
F test（Pr > F）	2.34（0.0002）	2.60（0.0000）
BPLM test（Pr > Chi^2）	0.44（0.5072）	0.39（0.5340）
Number of observations	619	620
R^2	0.9446	0.9396

注:***,**,*分别表示在1%、5%和10%水平上显著。括号内是 p 值。

通过比较，我们考察赶超战略不同的代理变量是否会对结果产生显著影响。我们发现，除了 II 列 Fd 和 LPrgdp^2 在显著性上略有差异之外，其他的比较在显著性和符号方向方面没有任何差异，这表明我们计量结果的稳健性。现以 I 列为例进行计量结果分析。观察 I 列，我们不难得到以下结论：

第一，上期的消费对下期消费有显著的正向影响。上期消费率提高1 个单位，下期消费会有 74.3 个百分点的提高，显示了消费具有很强的一致性。这符合我们的预期。

第二，提高赶超战略的程度将显著降低居民消费率。具体而言，技术选择指数每提高一个单位将导致居民消费率下降 2.38%。这与我们的预期完全一致。

第三，提高金融发展水平能显著促进消费。具体而言，金融发展水平每提高一个单位，居民消费率增加 0.89 个百分点。这与我们的预期一致。

第四，$LPrgdp$ 的系数为负，$LPrgdp^2$ 的系数为正，居民消费率与人均实际 GDP 呈 U 型关系，与预期一致。

3.5.2　赶超战略与投资率的决定

表 3 - 3 报告的是对计量方程（3.2）的估计结果，其中Ⅲ列是基于 TCI 估计的结果，Ⅳ列是基于 STCI 的估计结果。

表 3-3　赶超战略与投资率的决定

被解释变量	Inv	Inv
	Ⅲ（fe）	Ⅳ（fe）
INV_1	0.7836***	0.7900***
	(0.000)	(0.000)
TCI	0.0249*	
	(0.054)	
STCI		0.0024**
		(0.029)
Fd	−0.016*	−0.0209***
	(0.054)	(0.008)
LPrgdp	0.1226***	0.1444***
	(0.000)	(0.000)
LPrgdp^2	−0.007***	−0.0082***
	(0.001)	(0.000)
F test（Pr>F）	1.78（0.0104）	1.51（0.0502）
BPLM test（Pr>Chi^2）	1.12（0.2900）	0.75（0.3880）
Number of observations	619	620
R^2	0.8612	0.8672

注：***，**，*分别表示在 1%、5% 和 10% 水平上显著。括号内是 p 值。

通过比较，我们考察赶超战略不同的代理变量是否会对结果产生显著影响。我们发现，除了Ⅳ列 STCI 和 Fd 在显著性上略有差异之外，其他的比较在显著性和符号方向方面没有任何差异，这表明我们计量结果的稳健性。现以Ⅲ列为例进行计量结果分析。观察Ⅲ列，我们不难得到以下结论：

第一，上期的投资对下期投资有显著的正向影响。上期投资率提高1 个单位，下期消费会有 78.36 个百分点的提高，显示了投资具有很强的连续性。这符合我们的预期。

第二，提高赶超战略的程度将显著提高投资率。具体而言，技术选择指数每提高一个单位将导致投资率增加 2.49%。这与我们的预期完全一致。

第三，提高金融发展水平导致投资率降低。金融发展水平每提高一个单位，投资率降低 1.6 个百分点。这与我们的预期正好一致。

第四，$LPrgdp$ 的系数为正，$LPrgdp$ 的系数为负，投资率与人均实际 GDP 呈倒 U 型关系，与预期完全一致。

3.6 结论和政策建议

3.6.1 基本结论

本章首先回顾了改革开放后中国消费和投资的关系，总结出近年来投资与消费结构已是失衡状态。为了解释中国失衡的消费投资结构，我们在综合整理已有研究的基础上，综合分析了中国消费投资结构失衡的原因，并具体就赶超战略影响消费投资失衡的机制做了展开分析，我们认为，基于经济绩效（尤其是 GDP）考核的竞争和以生产性增值税为基础的分税制促使地方政府执行赶超战略，导致要素市场负向扭曲进一步强化，扶持企业大力发展本没有自生能力的资本密集型产业，直接推动投资率上升；导致要素收入分配向政府和资本倾斜，而分配关系决定

74

了消费与投资支出的比重，推动投资率上升，消费率下降。为了验证我
们的解释，通过建立计量模型，在控制了经济发展阶段和金融发展变量
后，利用中国 27 省区 1985—2008 年的面板数据进行了实证检验。我们
发现：

第一，提高赶超战略的程度将显著降低居民消费率，提高投资率。
具体而言，技术选择指数每提高一个单位将导致居民消费率下降
2.38%，投资率增加 2.49%。

第二，居民消费率与 $LPrgdp$ 呈 U 型关系；投资率与 $LPrgdp$ 呈倒 U
型关系。

第三，提高金融发展水平能促进消费，金融发展水平每提高一个单
位，居民消费率增加 0.89 个百分点；而提高金融发展水平导致投资率
降低，金融发展水平每提高一个单位，投资率降低 1.6 个百分点。

第四，上期消费率提高 1 个单位，下期消费会有 74.3 个百分点的
提高，显示了消费具有很强的一致性。上期投资率提高 1 个单位，下期
消费会有 78.36 个百分点的提高，显示了投资具有很强的连续性。

3.6.2　政策建议

既然政府扭曲是导致中国消费投资结构失衡的根本原因，那么纠正
政府扭曲便成为了解决中国消费投资结构失衡的关键。方红生等
(2010) 认为，如果不从这些扭曲入手，而是人为的通过收入再分配政
策来解决消费投资结构失衡问题，那么其结果便是更大的结构失衡。因
此，为调整中国失衡的消费投资结构，中国政府需要进行以下几个方面
的改革。第一，进行要素价格体系的市场化改革，使中国企业实际支付
的要素价格体系符合我国的要素禀赋结构（林毅夫、苏剑，2007）。给
定这个前提，中国政府还必须打破垄断、促进自由竞争和改革中国当前
偏大型企业的金融结构，才会迫使所有企业选择最小化成本的劳动密集
和资本节约性的技术结构（Fang and Jin, 2010）。捍卫劳工的权利、提

高环保管制的标准，工业用地和能源的市场化和谨慎给予各类企业税收优惠和补贴是要素价格体系改革的应有之义，也是推行比较优势发展战略的必然要求。第二，改革政绩考核机制。现有的研究发现，在以GDP为主的政绩考核机制之下，政府竞争的一个重要方面就是为了吸引内外资而展开的低价协议出让土地和税收优惠的竞争（蔡昉，2009a；陶然等，2007；傅勇、张晏，2007；张军等，2007；方红生、张军，2009），这种竞争方式无疑将妨碍要素价格体系改革，不利于比较优势战略的推行。为推行比较优势战略，当前政绩考核机制改革的一个重要方面就是，应将要素价格体系是否实现市场化放在政绩考核机制的首位。第三，重新界定政府间的财权和事权（方红生，2010；傅勇，2010），让地方政府从过大的财政压力下解放出来，否则地方政府不可避免的在"攫取之手"和"援助之手"之间进行策略性的选择，使中国失衡的收入分配结构和消费投资结构难以很好地得到改变。第四，改革以生产性增值税为基础的分税制及其税收返还的财政制度安排。其改革的一个重要理由在于中国的生产性增值税和税收返还制度安排的结合会给予地方政府大力发展资本密集型产业的强的制度激励，造成消费投资结构的失衡。

第 4 章　发展战略与中国要素收入分配结构失衡
——来自中国省级层面的经验证据

4.1　引　言

在第二章和第三章中，我们的分析表明，要素收入分配结构失衡是导致消费投资结构失衡的一个重要因素。那么，中国的要素收入分配结构为什么会失衡呢？本章我们将通过理论和实证研究，来探讨中国要素收入分配结构失衡的原因。[①]

国民收入在各生产要素之间的分配比例在时间和空间上均具有较强稳定性，是经济增长的"典型事实"（Stylizedfacts）之一（Kaldor，1961）。Gollin（2002）的研究也发现，绝大多数国家的劳动份额都落入 0.65 ~ 0.8 的范围之内，他的发现得到了 Bernanke 和 Gurkaynak（2002）研究的确认。

但统计显示，我国从 1978 年至 2007 年，劳动报酬占 GDP 比重从49.66%下降到39.74%，下降了近 10 个百分点；固定资产折旧、生产税净额和企业营业盈余占比则分别从 9.71%、12.81%和 27.82%上升到 14.81%、14.16%和 31.29%。劳动收入份额经历了小幅上升（1980年代），然后小幅波动（1990 年代），20 世纪 90 年代末开始趋势性下

---

① 要素收入分配结构中，劳动收入份额和资本报酬、政府收入是此消彼长的负相关关系，所以，在后面对中国要素收入分配结构失衡的分析中，我们主要就劳动收入份额下降展开分析。

降，尤其是进入 21 世纪后显著下降。① 要素收入分配结构的变化反映出劳动要素所有者在初次分配中的相对地位下降，资本要素所有者和政府的相对地位上升。这种变化显然既不符合 Kaldor 事实，也与 Gollin（2002）的研究发现存在偏离，这表明自 1990 年代中期以来，我国要素收入分配结构已处于失衡状态的事实。

关于影响劳动收入份额变化的因素，国外现有的研究认为以下因素比较重要，分别是资本产出比（Bentolina and Saint-Paul，2003）、资本偏向性技术进步（Blanchard，1997；Acemoglu，2000）、产品和要素市场的不完全竞争（Blanchard，1997；Acemoglu，2000，2002；Bentolina and Saint-Paul，2003；Kessing，2003）、发展阶段或产业结构的变化（Acemoglu and Guerrieri，2006；Zuleta，2007；Zuleta and Young，2007）、经济全球化（Harrison，2002；Ortega and Rodríguez，2002；Guscina，2006）和经济周期（Gomme and Greenwood，1995；Young，2004）。

关于中国要素收入分配结构失衡的原因，学者的研究认为下列因素是重要的，分别是产业结构转型（白重恩和钱震杰，2009，2010；罗长远和张军，2009a；翁杰和周礼，2010）、经济发展水平（李稻葵、刘霖林和王红领，2009；罗长远和张军，2009b；方红生和金祥荣，2011）、资本产出比（白重恩和钱震杰，2009；翁杰和周礼，2010；周扬波，2010；杨俊、廖尝君和邵汉华，2010）、资本偏向性技术进步（黄先海和徐圣，2009；肖文和周明海，2010；张全红，2010；周扬波，2010；白重恩和钱震杰，2010）、全球化（周扬波，2010；白重恩和钱震杰，2010；方红生和金祥荣，2011）、要素市场扭曲（白重恩和钱震杰，2009）、教育投资、人力资本（白重恩和钱震杰，2009；张全红，2010；

---

① 数据根据《中国统计年鉴》（1978—2008）（中国统计出版社出版）资料计算而来。

周扬波，2010）、劳动力的无限供给（龚刚和杨光，2010；张全红，2010）、民营化（罗长远和张军，2009b）、"谈判力量"机制（罗长远和张军，2009b）、工会的缺位（周扬波，2010）、政府倾向于资本的发展政策（周扬波，2010；张全红，2010）和经济发展战略（杨俊、廖尝君和邵汉华，2010；孙慧文，2011；方红生和金祥荣，2011）。

在以上研究中，除了杨俊等（2010）、孙慧文（2011）和方红生等（2011）外，其他研究都忽视了发展战略的作用。实际上，在一个赶超型的发展中国家，为了大力发展没有比较优势的资本密集型产业，扭曲要素市场和产品市场是最为根本的手段（林毅夫，2008）。而考虑到资本偏向性技术进步和资本产出比是内生于要素价格的相对变化（Acemoglu，2000，2002；Bentolina and Saint-Paul，2003），这意味着，在一个赶超的发展中国家，与资本产出比、资本偏向性技术进步和产品、要素市场的不完全竞争等因素相比，赶超战略是更为根本的决定劳动收入份额的因素（方红生等，2011）。但杨俊等（2010）的研究有其不足之处，他们一方面在理论分析中提到赶超行为会导致资本深化，认同资本深化内生于赶超战略，而另一方面他们又在实证时将赶超战略与资本产出比、资本偏向性技术进步等指标作为并列的外生变量来解释劳动收入占比下降，显示出前后逻辑不一。

本章将在现有文献的基础上，从发展战略的层面出发，研究中国要素收入分配失衡的决定。方红生等（2011）利用 20 世纪 90 年代以来的数据实证研究了赶超战略对劳动收入份额的影响，我们将运用更长时间跨度的中国分省区数据来考察发展战略的影响，这是对他们工作的一个扩展。

我们接下来将具体分析赶超战略影响劳动收入份额的机制。执行赶超战略的政府实施偏向资本的制度安排，导致产品市场、要素市场不完全竞争程度加深，引起过快的资本深化，从而导致劳动收入份额下降。为了验证我们的解释，通过建立计量模型，在控制了经济发展阶段变量后，利用中国 27 省区 1985—2004 年的面板数据进行实证检验。

本章的其余结构安排如下。在第二部分，分析赶超战略影响劳动收入份额的机制。第三部分是模型设定、变量说明、计量方法与数据说明。第四部分是对模型的检验。最后是结论。

4.2　赶超战略导致劳动收入份额下降的机制

在第三章我们讨论赶超战略影响消费投资结构时，已经提到执行赶超战略会导致要素收入过度向资本和政府倾斜，而分配关系决定了消费与投资支出的比重，从而使得消费投资结构失衡。在这里，我们具体分析赶超战略影响要素收入分配结构的机制。

4.2.1　偏向资本的制度安排

执行赶超战略的政府实施偏向资本的制度安排，导致劳动收入份额下降。

首先，实行赶超行为的政府通过要素市场的优惠安排来吸引投资，包括劳动力市场上的低工资制度、资金市场上的优惠贷款以及土地市场的廉价土地等，这一安排直接导致要素收入分配倾向于资本，劳动者的报酬降低，资本报酬提高。

其次，资本偏向的制度安排使得劳动者在劳资双方谈判中的能力缺乏，从而导致劳动收入份额降低。在我国，政府对劳资双方谈判地位的决定和讨价还价能力的高低有着重大影响。为了在各地的经济竞赛中脱颖而出，追求经济增长的绩效，地方政府会沿用偏向资本的政策。比如，在工资集体谈判上工会的缺位以及对劳动力保障权益的不足，存在着劳资双方协商主体严重缺位的问题。国有企业工会只是作为企业的"职能部门"而存在，难以真正代表员工的利益。非国有企业工会组织不健全或没有建立工会，行业工会也基本没有建立，无法开展集体协商。如此，造成劳动者在与资方的谈判中缺乏讨价还价的能力，谈判地位较为低下，只能被动接受资方制定的约束条件，最终导致了劳动收入份额的下降。

最后，资本偏向的制度安排导致劳动、资本两要素对经济增长贡献的差异，从而影响按贡献水平决定的分配格局。要素资源的作用大小和地位高低是由它们对产出增加或资本增值所作贡献的大小来决定的。在市场经济条件下，为实现利润最大化的目标，企业根据资本与劳动力价格变化调整资本和劳动力的使用量。假设工资率不变，资本价格降低，企业就会利用资本替代劳动，减少劳动的使用量，扩大资本的使用量。而且，在国内需求持续低迷，内需增长速度缓慢，经济增长动力不足的情况下，政府为了维持经济的快速、健康增长，常年出台一系列刺激经济增长的政策措施，加大政府投资力度，增加对基础设施的投资，等等。这些举措大大提高了整个社会对资本的需求，资本对 GDP 增长的贡献不断攀升，而劳动力要素的经济增长贡献率直线下降，资本对 GDP 增长的贡献率远远超过劳动对 GDP 的贡献率。

4.2.2　产品市场、要素市场不完全竞争程度加深

执行赶超战略导致产品市场、要素市场不完全竞争程度加深，引起劳动收入份额降低。

地方政府执行赶超战略会使得地区保护加剧，用种种非市场手段保护本地产品的市场地位，同时防止外地产品进入本地市场，这种市场分割会限制产品的市场范围区域，必然加深产品市场的不完全竞争程度。同时，如我们刚才提到的，地方政府为了实现赶超，吸引资本，人为压低土地、劳动等生产要素的价格，这必然会加深要素市场的不完全竞争程度。

在完全竞争下，要素分配由生产技术决定（Ferguson，1968；Bentolila and Saint-Paul，2003）。但如果要素或产品市场存在不完全竞争，

要素分配比重将偏离完全竞争下的水平。在 Saint – Paul（1998）、Bentolila 和 Saint-Paul（2003）、Blanchard 和 Giavazzi（2003）的研究中，要素市场的不完全竞争主要体现为资本和劳动间的讨价还价。产品市场的不完全竞争带来垄断利润，存在劳资谈判的情况下，劳动者谈判能力大小将影响垄断租金在不同要素所有者间的分配比例，进而影响要素分配份额，即垄断程度变化对要素分配份额的影响由劳动者的谈判能力确定（Blanchard，2000；Blanchardand Giavazz，2003；Spector，2004）；当劳资之间不存在谈判机制时，垄断利润为资本方取得，劳动收入份额将随垄断程度增加而减少。

产品市场不完全竞争的结果是形成垄断租金，市场垄断程度越高，垄断租金越多，要素市场不完全竞争意味着劳资之间不存在谈判机制，此时垄断利润为资本方取得，劳动收入份额将随垄断程度增加而减少，资本收入份额会随之提高，劳动收入份额会相应降低。

4.2.3 过快的资本深化

执行赶超战略会引起过快的资本深化，从而导致劳动收入份额下降。

方红生等（2011）认为，GDP 为主的政绩考核机制导致地方政府官员更加重视短期的经济增长速度，发展需要大规模投资的资本密集型产业则恰恰有利于提高短期的经济增长速度。以生产性增值税为基础的分税制导致地方政府官员更加重视大规模投资，因为大规模投资会更加有利于增加财政收入。1994 年的分税制又是一种财政收入集权而支出责任不变或显著增加的分税制。这意味着，选择优先发展资本密集型产业的赶超战略是地方政府的理性选择，因为只有这样的战略才会在短期内既能做高经济增长速度，又能做高财政收入。这就使得地方政府以极大的热情优先发展重化工等资本密集型产业，而无视其自身的资源禀赋结构的比较优势，导致过快的资本深化。

Diwan（2000）运用 1975—1995 年 135 个国家数据实证发现，在富裕国家，资本产出比对劳动报酬份额影响显著为负，即资本深化有利于劳动报酬份额提高。而在贫穷国家，这一结论刚好相反。尽管中国的经济总量位居世界前列，但是中国的人均 GDP 和世界发达国家还有相当大的差距，依然只是世界上最大的发展中国家。杨俊和邵汉华（2009）的实证研究认为，过快的资本深化偏离了现阶段我国的要素禀赋结构，显著降低了我国的劳动报酬份额。

以上我们从三个方面分析了赶超战略导致劳动收入份额的机制，分别是偏向资本的制度安排、产品市场、要素市场不完全竞争程度加深，过快的资本深化，从而导致劳动收入份额的下降。

4.3　模型设定、变量说明、计量方法与数据说明

4.3.1　模型设定

为了检验我们的解释，构造如下计量模型，考察劳动收入份额的决定：

$$
\begin{aligned}
\text{Laborshare}_{it} = {} & \alpha_0 + \alpha_1 \text{Laborshare\_1}_{it} + \alpha_2 \text{TCI}_{it} + \alpha_3 \text{Prgdp}_{it} + \\
& \alpha_4 \text{Prgdp}_{it}^2 + u_1 + \varepsilon_{it}
\end{aligned}
\tag{4.1}
$$

其中，Laborshare 表示劳动收入份额，用劳动报酬占 GDP 的比重来度量（%）。TCI 表示赶超战略，用技术选择指数来度量[①]。Prgdp 是人均实际 GDP，用来作为经济发展阶段的代理变量。人均实际 GDP 是对人均名义 GDP 经过平减而得，其中平减指数是通过名义 GDP 和 GDP 指数而得。为了考察经济发展阶段与劳动收入份额之间是否存在 U 型关系，我们在回归方程中添加了人均实际 GDP 的平方项（Prgdp^2）。i 代表地区，t 为年份，u_i 是地区效应，ε_{it} 是误差项，α_0 是常数项。下面分

---

① 此处 TCI 和 STCI 的构造详见第 3 章变量说明部分。

别讨论这些解释变量对中国要素收入分配结构中劳动收入份额的预期影响。

4.3.2　变量说明

1. 上期劳动收入份额

"卡尔多特征事实"认为，国民收入在各生产要素之间的分配比例在时间和空间上均具有较强稳定性，所以，我们认为，在其他因素不变的情况下，中国劳动份额应保持相对稳定。我们预期，上期劳动收入份额对下期的影响应该为正。

2. 赶超战略

根据我们上一节的分析，赶超战略对劳动收入份额的预期系数应为负。即如果一个地方政府执行赶超战略，那么这个地区要素收入分配结构中，劳动收入份额降低。

3. 经济发展阶段

Kuznets（1941）指出，经济发展总是伴随着巨大的产业结构转型，首先从农业转向工业，然后又从工业转向服务业。由于三个部门的要素分配份额并不相等，那么在产业结构转型的过程中要素分配份额将发生明显的变化。考虑到第二产业的劳动报酬占 GDP 的比重要低于第一和第三产业（罗长远，张军，2009b），这样随着产业结构向第二产业的转变，劳动报酬占 GDP 的比重会下降，而随着产业结构向第三产业转变，劳动报酬占 GDP 的比重会上升。方红生等（2011）通过实证验证了劳动报酬占 GDP 的比重与经济发展阶段呈 U 型关系。

李稻葵等（2009）以刘易斯的二元经济理论为背景，建立了一个二元经济中劳动力转移的数理模型，发现在经济发展过程中，当劳动力不断从农业部门向工业部门转移时，由于面临的摩擦力大于资本运动所面临的阻力，因而劳动力转移速度低于资本的转移速度，劳动力获得的回报在经济发展过程中低于其边际产出，而资本恰恰相反。所以劳动份额在经济发展初期是下降的，当劳动力转移逐步完成，劳动份额开始上升，呈现所谓的 U 型规律。他们的实证检验表明，中国经济符合 U 型规律，目前还处在这一曲线的下行区间上。

遵循他们的研究，经济发展阶段与劳动收入份额之间应存在 U 型关系，我们预期方程（4.1）中，$\mathrm{Pr}gdp$ 的系数为负，$\mathrm{Pr}gdp^2$ 的系数为正。

4.3.3　计量方法

由于面板数据既包括时间序列数据又包括横截面数据，可能出现异方差性和序列相关性问题，从而使普通最小二乘法（OLS）失效，因此，理想的估计方法是采用同时对横截面单元异方差性和序列相关性进行修正的似然不相关法（SUR）。但是，当样本数据中横截面单元很多而时间序列长度又很短时，这种方法通常也是失效的（残差的相关性系数矩阵退化为奇异阵）。而面板数据模型包括固定效应（fixed effects）模型和随机效应（random effects）模型。固定效应模型认为各组截面数据之间的差别，以及时间序列数据随时间的漂移，影响了模型的参数，并用模型参数随组别和时间的变化来体现这种差异，但每组数据和每个时刻相对应的参数均为确定值；随机效应模型认为面板数据中个体的差异更多的是一种随机因素，在模型中引入随机项可休现组别和时间演变带来的变化。

本章使用面板数据的固定效应估计和随机效应估计。具体而言，本章的计量程序如下。（1）采用 F 检验来识别省际效应是否显著和 BPLM 检验来识别随机效应是否显著；如果两者都显著，则用 hausman 检验来选择估计方法。如果只有一个显著，则采用相应的方法进行估计。如果两者都不显著，则采用混合 OLS 方法来估计。（2）我们度量了赶超战略的两个指标，即基于工业的 TCI 和基于第二产业的 STCI，我们分别用这两个指标代理赶超战略进行检验估计，以考察结果的稳健性。

4.3.4 数据说明

本章所用的数据是中国 27 个地区（除西藏、海南、四川和重庆外）1985—2004 年间的面板数据，其中 GDP、GDP 指数和人均名义 GDP 来自《新中国 60 年统计资料汇编》和《中国统计年鉴》；工业增加值、第二产业增加值、工业职工人数和总职工人数、第二产业就业人数和总就业人数来自《中国统计年鉴》，其中工业职工人数是各地区按行业分职工人数（年底数）中的"采掘业、制造业和电力、燃气及水的生产和供应业"三个分行业职工人数之和；劳动报酬来自《中国国内生产总值核算历史资料：1952—2004》。本章基本变量的描述性统计见表4-1。

表 4-1　变量的描述性统计（二）

变量	观察值	均值	标准差	最小值	最大值
TCI	485	0.9221944	0.2229818	0.1775027	1.754471
STCI	486	5.046848	3.433887	1.611559	21.50776
Prgdp	486	2164.31	2254.051	374.7836	18884.62
Laborshare	486	52.77864	8.043867	30.04	75.16

4.4 计量结果分析

我们利用 1985—2004 年 27 个省（直辖市、自治区）的面板数据对所设定的计量方程（4.1）进行了固定效应估计和随机效应估计，F 检验表明固定效应显著，BPLM 检验表明随机效应不显著，所以此处我们选择固定效应估计来报告结果。

表4-2 报告的是对计量方程（4.1）的估计结果，其中Ⅰ和Ⅱ列是基于 TCI 估计的结果，Ⅲ和Ⅳ列是基于 STCI 的估计结果。

表 4-2　赶超战略与中国劳动收入占比的决定

被解释变量	Laborshare	Laborshare	Laborshare	Laborshare
	Ⅰ（fe）	Ⅱ（fe, robust）	Ⅲ（fe）	Ⅳ（fe, robust）
Laborshare_ 1	0.7043***	0.7043***	0.7149***	0.7149***
	(0.000)	(0.000)	(0.000)	(0.000)
STCI_ 1			−0.1922*	−0.1922***
			(0.096)	(0.010)
TCI_ 1	−3.4008**	−3.4008**		
	(0.021)	(0.049)		
Prgdp	−0.0005**	−0.0005**	−0.0008***	−0.0008***
	(0.049)	(0.028)	(0.000)	(0.000)
Prgdp2	1.95e−08	1.95e−08*	3.53e−08***	3.53e−08***
	(0.195)	(0.073)	(0.006)	(0.000)
F test (Pr > F)	1.41 (0.0888)		1.48 (0.0624)	
BPLM test (Pr > Chi^2)	0.52 (0.4690)		0.13 (0.7167)	
Number of observations	458	458	459	459
R^2	0.8611	0.8611	0.8593	0.8593

注：***，**，*分别表示在1%、5%和10%水平上显著。括号内是 p 值。

通过比较，我们考察赶超战略不同的代理变量是否会对结果产生显著影响。我们发现，符号方向方面没有任何差异，只有 STCI 和 Prgdp 在显著性上略有差异。这表明我们计量结果的稳健性。现以Ⅳ列为例进行计量结果分析。观察Ⅳ列，我们不难得到以下结论：

第一，上期的劳动收入份额对下期劳动收入份额有显著的正向影响。上期劳动收入份额提高 1 个单位，下期劳动收入份额会有 0.72 个百分点的提高，这符合我们的预期。

第二，提高赶超战略的程度将显著降低劳动收入份额。具体而言，技术选择指数每提高一个单位将导致劳动收入份额降低 0.19 个百分点。这与我们的预期完全一致。

第三，劳动收入份额与人均实际 GDP 呈 U 型关系，这与预期完全一致。当人均实际 GDP 小于 11821.52 元时，劳动份额将随着人均实际 GDP 的增加而下降；当人均实际 GDP 超过 11821.52 元时，劳动收入份额将随着人均实际 GDP 的增加而上升。

4.5　结论和政策含义

4.5.1　基本结论

为了解释中国要素收入分配失衡的原因，本章首先回顾整理了相关文献的研究，认为发展战略是影响要素收入分配结构的重要因素。随后重点分析了赶超战略导致劳动收入份额下降的机制，分别从偏向资本的制度安排、产品市场、要素市场不完全竞争程度加深以及过快的资本深化这三个方面分析劳动收入份额下降的原因。然后，利用 1985—2004 年度中国省级面板数据，在控制了经济发展阶段这个变量后，进行了检验，结果表明，赶超战略是导致劳动收入份额下降的重要因素。具体而言，我们发现，

第一，上期的劳动收入份额对下期劳动收入份额有显著的正向影响。上期劳动收入份额提高 1 个单位，下期劳动收入份额会有 0.72 个百分点的提高。

第二，提高赶超战略的程度将显著降低劳动收入份额。具体而言，技术选择指数每提高一个单位将导致劳动收入份额降低 0.19 个百分点。

第三，劳动收入份额与人均实际 GDP 呈 U 型关系。当人均实际

GDP 小于 11821.52 元时，劳动份额将随着人均实际 GDP 的增加而下降；当人均实际 GDP 超过 11821.52 元时，劳动份额将随着人均实际 GDP 的增加而上升。

4.5.2　政策建议

前面已经分析过，追求经济绩效的赶超行为通过偏向资本的制度安排等导致了劳动收入份额下降，因此，为调整要素收入分配结构，应该进行要素市场改革，完善政绩考核评价机制，切实保护劳动者权益。

第一，要素市场改革。

见第 3 章建议部分。

第二，完善政绩考核评价机制。

见第 3 章建议部分。

第三，切实保护劳动者权益。

在中国特色的政治经济环境里，地方政府的赶超行为加深了市场的不完全竞争程度，这必然扭曲要素市场所反映的劳动价格信号。实际上在中国劳动力几乎是无限供给的背景下，劳动者的议价能力几乎处于绝对的弱势地位，再加上地方政府为了招商引资，有意无意地忽视劳动者的权益，使得劳资双方在市场的博弈中，劳动者的地位被进一步弱化。因此，必须加强对劳动者权益的保护。

第5章 发展战略与中国出口规模的扩张
——来自中国省级层面的经验证据

5.1 引言

改革开放以来，中国的出口规模不断扩张，出口贸易依存度也呈持续上升之势。由于出口飙升，出口需求占我国需求结构的比重节节攀升，与此同时，特别是近年来，投资需求比重也在走高，消费却明显不足，这构成了我国需求结构失衡的总体状况。前面两章我们已分别对消费投资结构失衡以及要素收入分配结构失衡做了研究，本章则转向重点研究出口扩张的决定因素，以完整对中国需求结构失衡的研究。

关于中国出口规模扩张的决定因素，已有文献的研究认为以下的因素是重要的，分别是要素禀赋（林毅夫，1999，2004）、FDI（江小涓，2002；冼国明，2003；杨全发、陈平，2005；柴敏，2006；何艳，2009；文东伟等，2009）、金融发展（沈能、刘凤朝，2006；包群、阳佳余，2008）、市场分割（朱希伟、金祥荣等，2005；张杰、张培丽等，2010）、基础设施（王永进等，2010）、地理集聚、产业集群（刘志彪等，2009；王永进等，2009；张杰、张培丽等，2010）、制度（李坤望、王永进，2010；金祥荣等，2008；张杰等，2010）、出口退税（Chao等，2001，2006；陈平、黄健梅，2003；王根蓓，2006；Chen等，2006；谢建国、陈莉莉，2008）、汇率（封福育，2010；冯蕾，2010；马君潞等，2010；黄静波、曾昭志，2011）和国外需求（钱金保、王美今，2010）等。而关于发展战略对出口的影响，已有文献只是在理论上进行了分析，并没有从实证方面加以研究。

　　前文已提到，20 世纪 90 年代中期以来，中国地方政府所执行的发展战略与 20 世纪 90 年代中期前所执行的发展战略完全不同，此前执行的是倾向于比较优势的发展战略，而之后执行的是违背比较优势的赶超型发展战略。根据中国现实国情与比较优势原理，比较优势战略在我国成功应用，这从中国劳动密集型产品的出口增长得到证实；而我们同样发现，20 世纪 90 年代中期以来，中国的出口并不因发展战略的转变而停滞增长，而是继续保持增长，并且我国的出口产品复杂度也有了明显提高，出口从最初以资源密集型产品和轻工产品为主转为机电产品和高新技术产品占绝对优势（Rodrik，2006；姚洋、章林峰，2008；姚洋、张晔，2008）。赶超型发展战略和中国出口持续增长并行不悖的存在，这应该不是一种巧合，我们判断，赶超型发展战略在促进出口上一定发挥了正向的作用。那么，赶超战略促进出口的机制到底是怎样的呢？对赶超战略影响出口的机制做出合理解释正是本章后面要做的工作。

　　本章将在借鉴相关文献的基础上分析赶超战略对出口的影响机制。我们的分析认为，赶超战略通过四个途径影响到出口，分别是赶超战略导致要素市场负向扭曲，降低了国内生产的成本，出口竞争力增强，出口增加；导致消费投资结构失衡，过剩的产能寻求出口的途径加以消化；执行赶超战略的政府"让利竞赛"，加大招商引资的力度，当地 FDI 引进增多有助于出口增加；赶超战略导致区域市场分割，而市场分割迫使企业追求出口的扩张，进而推动地区出口的增长。我们对赶超战略影响出口的机制的分析应是对现有理论的一个补充。

　　本章将构造一个计量模型，通过将赶超战略进行度量作为解释变量纳入计量模型中，控制其他变量后检验影响出口的因素。然后，使用中国 1985—2008 年 27 省区的面板数据进行实证检验。将赶超战略进行度量实证研究其对出口的影响应是一个新颖的视角。

　　本章的其余结构安排如下：在第二部分，我们将对中国出口规模的扩张进行描述，并整理综合已有文献的解释。在第三部分，分析赶超战略影响出口的机制。第四部分是模型设定、变量说明、计量方法与数据说明。第五部分是对模型的检验。最后是结论与政策建议。

5.2　中国出口规模的扩张及已有解释

5.2.1　中国出口规模的扩张

1978 年改革开放以来，我国对外贸易快速增长。2010 全年货物进出口总额 29728 亿美元，比上年增长 34.7%。其中，货物出口 15779 亿美元，增长 31.3%；货物进口 13948 亿美元，增长 38.7%。进出口差额（出口减进口）1831 亿美元，比上年减少 126 亿美元。[①] 2008 年进出口总值从 1978 年的 206 亿美元猛增到 25616 亿美元，年均增长 18.1%。2001 年加入世贸组织以来，对外贸易赢得了历史上最好最快的发展时期。2002—2008 年，进出口总值以年均 25.9% 的速度增长。[②]

表 5-1　1978—2008 年我国进出口贸易概况

年份	进出口总额（亿元）	出口总额（亿元）	进口总额（亿元）	出口依存度	贸易依存度	出口增速（同比）	进口增速（同比）
1978	355.0	167.6	187.4	0.04597805	0.09738788		
1979	454.6	211.7	242.9	0.05210975	0.11189936	0.26312649	0.29615795
1980	570.0	271.2	298.8	0.05966178	0.12539533	0.2810581	0.23013586
1981	735.3	367.6	367.7	0.07514983	0.15032011	0.35545723	0.23058902
1982	771.3	413.8	357.5	0.07773299	0.14488994	0.12568009	−0.02774001
1983	860.1	438.3	421.8	0.07350757	0.14424791	0.05920735	0.17986014
1984	1201.0	580.5	620.5	0.08053494	0.16661923	0.32443532	0.47107634

[①]　见国家统计局《中华人民共和国 2010 年国民经济和社会发展统计公报》，http://www.stats.gov.cn/tJgb/ndtJgb/qgndtJgb/t20110228_402705692.htm。

[②]　见国家统计局《庆祝新中国成立 60 周年系列报告之九：对外贸易飞速发展》，http://www.stats.gov.cn/tJfx/ztfx/qzxzgcl60zn/t20090916_402587600.htm。

续表

年份	进出口总额(亿元)	出口总额(亿元)	进口总额(亿元)	出口依存度	贸易依存度	出口增速(同比)	进口增速(同比)
1985	2066.7	808.9	1257.8	0.08971791	0.22922489	0.39345392	1.02707494
1986	2580.4	1082.1	1498.3	0.10531203	0.25112944	0.33774261	0.19120687
1987	3084.2	1470.0	1614.2	0.12190455	0.25576735	0.35846964	0.07735433
1988	3821.8	1766.7	2055.1	0.11744471	0.25406136	0.20183673	0.2731384
1989	4155.9	1956.0	2199.9	0.11511083	0.24457521	0.10714892	0.07045886
1990	5560.1	2985.8	2574.3	0.15994367	0.29784406	0.52648262	0.17018955
1991	7225.8	3827.1	3398.7	0.17570416	0.33174025	0.28176703	0.3202424
1992	9119.6	4676.3	4443.3	0.17368857	0.33872297	0.22189125	0.30735281
1993	11271.0	5284.8	5986.2	0.14956731	0.31898523	0.13012424	0.34724191
1994	20381.9	10421.8	9960.1	0.21622953	0.4228798	0.972033	0.66384351
1995	23499.9	12451.8	11048.1	0.20482047	0.38655138	0.19478401	0.10923585
1996	24133.8	12576.4	11557.4	0.17669292	0.33906934	0.01000659	0.04609842
1997	26967.2	15160.7	11806.5	0.19197312	0.34147352	0.20548806	0.02155329
1998	26849.7	15223.6	11626.1	0.18036954	0.31811581	0.00414888	− 0.01527972
1999	29896.3	16159.8	13736.5	0.18019994	0.33337736	0.06149662	0.18152261
2000	39273.2	20634.4	18638.8	0.20797755	0.39584112	0.27689699	0.3568813
2001	42183.6	22024.4	20159.2	0.20085145	0.38469321	0.06736324	0.08157178
2002	51378.2	26947.9	24430.3	0.22394497	0.42696794	0.22354752	0.21186853
2003	70483.5	36287.9	34195.6	0.26717099	0.51893734	0.34659473	0.39972084
2004	95539.1	49103.3	46435.8	0.30712916	0.59757376	0.35315904	0.35794664
2005	116921.8	62648.1	54273.7	0.34193305	0.63815866	0.27584297	0.16879003
2006	140971.5	77594.6	63376.9	0.36614441	0.66519983	0.2385785	0.16772691
2007	166740.2	93455.6	73284.6	0.36320874	0.64802405	0.20440906	0.15632995
2008	179921.5	100394.9	79526.5	0.33390412	0.59840187	0.0742525	0.08517439

数据来源于《新中国 60 年统计资料汇编》。

改革开放以来，中国出口贸易规模迅猛增长。从 1978 年的 97.5 亿美元增长到 2010 年的 15779 亿美元，增长近 161 倍，历年增长态势可见图 5-1。随着中国出口贸易的迅猛发展，其在世界经济中的地位也发生了根本性的变化。我国的出口总值在 1950 年全球排名列第 27 位，经过 30 年徘徊，到 1980 年上升到第 26 位，此后排名直线上升，1990 年列第 15 位，2001 年列第 6 位，2004—2006 年稳居第 3 位，2007—2008 年上升到第 2 位，① 2009 年超越德国，跃居第一位，中国已经成为名副其实的出口贸易大国。

图 5-1　1978—2008 年中国出口贸易规模柱状图

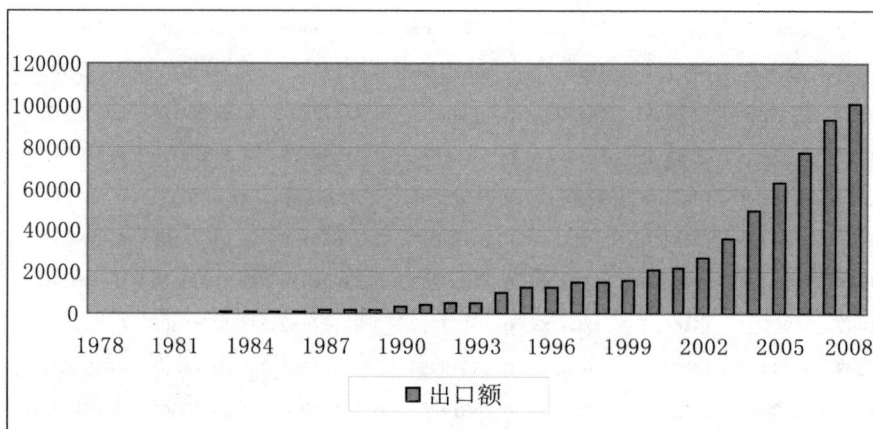

我国经济增长对出口贸易的依赖程度也逐年提高。出口贸易对经济增长发挥促进作用的程度，或者说经济增长依赖于出口贸易的程度，通常用出口贸易依存度来表示。出口贸易依存度是指一国出口贸易总额与国内生产总值之比，该值是衡量一国出口贸易与经济增长关系的重要指标。出口贸易依存度是指一国出口贸易总额与国内生产总值之比，该值是衡量一国出口贸易与经济增长关系的重要指标。

从纵向发展历程来看，中国出口贸易依存度呈逐年增加趋势（见图 5-2），2008 年达到 36.32%，比 1990 年的 15.99% 提高了近 21 个百分点，比 1978 年的 4.59% 提高 31 个百分点（见表 5-1）。

---

① 见国家统计局《庆祝新中国成立 60 周年系列报告之九：对外贸易飞速发展》，http：//www.stats.gov.cn/tJfx/ztfx/qzxzgcl60zn/t20090916_ 402587600.htm。

图 5-2　1978—2008 年中国出口贸易依存度变化图

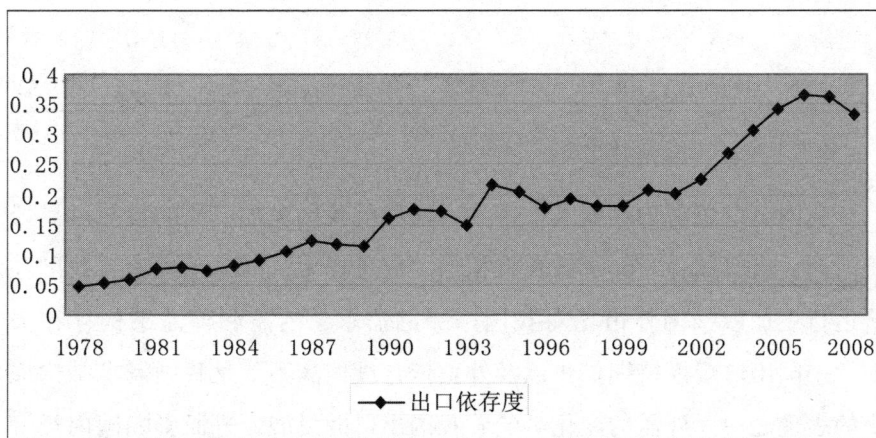

表 5-2 列出了具有代表性的发达国家、新兴工业化以及发展中国家部分年份的出口贸易依存度。从表中可知，中国出口贸易依存度远远大于美国、日本等发达国家，与德国水平相当；同时，我国出口贸易依存度也远大于印度、巴西等发展中国家，与新兴工业化国家相比则有一定的差距。从总体来说，我国的出口贸易依存度是比较高的。

表 5-2　出口贸易依存度的国际比较（单位:%）

年度	1990	2000	2002	2003	2004	2005	2006
中国	17.51	20.79	25.62	26.7	30.71	33.96	36.32
美国	6.84	8.01	6.65	6.64	7.01	7.3	7.86
德国	24.66	29.04	31.01	30.78	33.08	34.74	38.27
日本	9.53	10.31	10.49	11.15	12.34	13.12	14.91
法国	17.48	24.67	23.09	21.78	21.95	21.79	21.97
新加坡	143.12	148.63	141.8	156.13	184.91	196.75	205.66
韩国	24.65	33.67	29.72	31.87	37.3	35.94	36.68
中国香港	107.16	120.11	126.25	144.29	160.11	164.3	170.02
印度	5.67	9.21	9.65	9.49	10.98	12.35	13.26

年度	1990	2000	2002	2003	2004	2005	2006
巴西	6.8	8.55	13.1	13.23	14.54	13.41	12.87
马来西亚	66.9	108.76	98.84	100.94	106.79	107.75	107.83

数据来源:《国际统计年鉴》2008 年。

我国出口贸易依存度大,这一方面说明我国更加广泛的参与世界经济活动,出口贸易对经济增长有相当的促进作用,同时也意味着我国经济运行更加依赖国外市场对我国产品的需求,内需和外需结构存在失衡。中国出口规模持续扩张以及外贸依存度偏高不下是我国需求结构失衡的表现之一。外需的变化影响着我国出口的发展,进而影响国内经济的发展。2004 年到 2007 年间,世界经济处于较快的发展时期,对我国产品有较大需求,在此期间我国经济也处于较快的发展时期,出口增长率超过 25%;而一旦世界经济走弱,特别是对我国产品有大量需求的国家的经济发展发生危机,这必将减少对我国产品的需求,造成我国出口的困境,国内经济发展也会相当被动。2008 年底,在全球范围内爆发的国际金融危机使中国经济遭遇巨大的困难:外需明显减少,出口增速下降,这种困境与被动已经充分显现出来。

5.2.2　对中国出口贸易扩张的现有解释

对外贸易是中国改革开放最成功的领域之一,赖平耀(2005)[1] 把中国外贸快速发展的推动力量总结为 4 点,分别是市场化导向的经济改革、贸易体制的改革、外商直接投资的引进以及国内迅速的资本积累与技术进步。

关于影响中国出口增长的主要因素,国内的研究主要包括两个方

---

[1]　赖平耀. 中国的对外贸易:绩效、问题及未来的政策选择 [J]. 国际经济评论. 2005,5:12-16.

面：一是从宏观发展战略层级的研究，分别从古典贸易理论和新贸易理论的角度，思考到底是比较优势还是规模经济决定一国的行业出口增长。二是结合中国发展实践的经验研究，或侧重于对现有理论的检验，或侧重于发现中国出口迅速增长的特殊之处。下面是已有研究认为比较重要的因素。

要素禀赋：林毅夫（1999，2004）等人认为，要素禀赋与技术差异是决定国际分工方式与贸易结构的主要因素，根据中国现实国情与比较优势原理，应鼓励中国发展劳动密集型产品的出口，比较优势战略在我国的应用非常成功，我们应该在相当长的时期内继续发挥现有的比较优势。

FDI：江小涓（2002）、冼国明（2003）、杨全发、陈平（2005）、柴敏（2006）、何艳（2009）和文东伟（2009）重点研究了 FDI 对中国出口的影响，分析外商投资企业对中国出口增长的贡献及其原因，认为 FDI 通过直接拉动作用以及出口溢出效应两个方面提高了中国出口。

金融发展：沈能、刘凤朝（2006）和包群、阳佳余（2008）等从金融发展的角度研究了出口的决定因素，通过实证研究，认为金融发展水平是影响工业制成品比较优势的重要变量。

市场分割：朱希伟、金祥荣等（2005）、张杰、张培丽（2010）等考察了市场分割对中国出口的影响，通过理论模型的解释以及实证研究，发现市场分割确实激励了本土企业的出口。

基础设施：王永进等（2010）认为，基础设施水平的提高不仅可以提高企业的出口深度（出口数量），而且还能够促使更多的企业进行出口，增加出口的广度，从而提高一国的出口产品复杂度，促进出口的增长。

地理集聚、产业集群：刘志彪等（2009）、王永进等（2009）、张杰、张培丽等（2010）研究了地理集聚和产业集群对出口的影响，认为地理集聚显著影响了中国地区出口优势，产业集群这种企业区位因素应当与企业出口密集度之间呈现正向相关关系。

制度：李坤望、王永进（2010）、金祥荣等（2008）张杰等（2010）从制度影响出口的角度做了研究，认为契约执行效率和制度是影响出口的重要因素，改善企业生存的制度环境有助于缓解地区出口差异。

出口退税：Chao等（2001，2006）、陈平、黄健梅（2003）、王根蓓（2006）、Chen等（2006）和谢建国、陈莉莉（2008）从各个角度研究了出口退税政策的出口促进作用。

汇率：封福育（2010）、冯蕾（2010）、马君潞等（2010）和黄静波、曾昭志（2011）研究了汇率对中国出口的影响。马君潞等（2010）认为，人民币实际汇率的高低在决定出口绩效方面具有非常重要的影响，人民币汇率变化对出口额的影响无论长期还是短期都是显著的；黄静波、曾昭志（2011）认为，人民币实际有效汇率上升在长期对我国出口有阻碍作用，在短期对出口影响不显著。

国外需求：钱金保、王美今（2010）的研究结果表明，中国出口具有明显的供给推动特征，国内产出是引起出口增长的最主要因素；国外产出和汇率是导致出口波动的重要因素。

这些研究从各个角度分析了影响中国出口的不同因素，但有个因素不容忽视，这就是国家政策的推动。在中国从计划经济走向市场经济的转轨时期，政府主导的政策因素对我国国际贸易走势影响重大，存在强大的"政策杠杆效应"。长期以来，中国政府采取了积极鼓励出口的发展战略，从中央到地方都实施了一系列对外贸易促进措施与政策，推动了外向型经济的成长。充分利用"两个市场、两种资源"发展本国经济的战略提出后，政府和企业都极大地提高了发展进出口的积极性。从早期实施财政补贴、出口换汇奖励、汇率并轨等措施支持出口，到现今符合世贸组织规则和国际惯例的进出口优惠信贷、降低关税、外资优惠政策、出口退税制度完善、出口企业技改资金、中小企业开拓国际市场资金、外经贸公共信息服务资金等扶持措施，降低了企业进出口的成本，增强了产品国际竞争力，促进了我国出口贸易的发展。

在引言中我们提到，赶超型发展战略和中国出口持续增长并行不悖的存在，这应该不是一种巧合，我们判断，赶超型发展战略在促进出口上一定发挥了正向的作用。那么，赶超战略促进出口的机制到底是怎样的呢？对赶超战略对出口的影响机制做出合理解释正是本章后面要做的工作。

研究赶超战略对出口的影响并进行实证研究应是一个新颖的视角。本章接下来分析赶超战略对出口的影响机制，并构造计量模型，使用中国 1985—2008 年 27 省区的面板数据进行实证检验。

5.3　赶超战略对出口的影响机制

近年来，中国出口规模迅猛扩张。就其原因而言，不外乎要素禀赋、FDI、金融发展、市场分割、基础设施、制度、产业集群、出口退税、汇率、国外需求等因素。但有一点必须特别强调，发展战略是贯穿其中的最具决定性作用的因素。综合上述诸多因素，我们可以综合分析赶超战略对出口的影响机制。

我们试图从赶超战略导致中国要素市场的负向扭曲、消费投资结构失衡、FDI 增加以及区域市场分割这四个方面来讨论赶超战略影响出口的作用过程。

5.3.1　赶超战略导致要素市场负向扭曲致出口增长

在工业化初期阶段，不少发展中国家为了建立基础工业体系，往往以暂时牺牲第一产业和农民利益为代价人为制造剪刀差，为工业化积累资本。中国工业化道路基本沿袭了苏联模式，采取赶超战略。林毅夫（2004）认为，自 20 世纪 50 年代以来，为了奠定工业化基础，必须优先发展重工业。赶超战略为了降低重工业成本，国家通过低利率、低汇率、低矿产资源价格和低工资，来为重工业发展提供支持。这一系列制度安排，全面扭曲产品和生产要素价格。要素价格小于或低于其机会成本或其边际生产力所决定的均衡价格，形成负向扭曲。改革开放以来，引进了外来资本，投资饥渴得到缓解，要素市场扭曲程度有所减低。但市场分割和政府管制依然存在，在劳动力市场、资本市场、土地市场和自然资源市场表现明显。

由于户籍制度的分割，我国劳动力市场分割与劳动力价格扭曲具有很强的中国特色。首先是垄断行业与非垄断行业的劳动力市场分割；其次是城市中的市民劳动力市场与农民工劳动力市场的市场分割。这两类劳动力市场分割均伴随着明显的劳动力价值扭曲。在资本市场，国有企业有独特的优势，能比民营企业更容易获得贷款或其他资本的支持。不同所有制企业获取资本的难易程度存在较大差异，从而导致资本价格扭曲。在经济转型过程中，自然资源要素市场，客观上也存在人为的市场分割。

政府管制的目的通常会有很多，但都会造成要素价格差别，导致要素价格偏离其真实的价格水平。Magee（1973）认为，即使在市场经济条件下，要素价格也会因为其边际产出或者说是其实际回报，在不同部门之间存在差异，从而产生扭曲。在中国经济向市场制转型过程中，要素价格是逐步放开的，在过渡时期，这种转型方式必然伴随着政府管制。客观的讲，相比较产品价格改革，生产要素价格的全面放开相对滞后，由政府管制带来的市场扭曲还很严重。

基于长期的基本国情，我国一直实行户籍管制。劳动力可以流动，但劳动力的户籍却相对固定。而户籍又同教育、社会保障、福利、补贴以及其他一些公共物品方面直接挂钩，从而导致了劳动力价格在不同地区、不同部门、不同所有制企业之间有明显差别。这种制度阻碍了劳动力跨地区、跨行业、跨部门的波动，降低了劳动力要素配置的效率。

　　在资本市场，国有银行往往优先支持有政府背景的国有企业。不同所有制企业获得信贷支持的难度有很大区别。在中国国情背景下，政府官员同企业高管是可以平行调动的。卢峰、姚洋（2005）的研究表明，中国官方利率一直比实际信贷市场利率低 50%—100%，国家银行在向中小企业提供信贷时，往往上浮贷款利率，比基准利率高 10%—30%。

　　政府垄断土地一级市场。在《土地管理法》的框架下，政府有权以地价补偿方式征用农用地，政府征用居民用地后，可以根据自己的意志改变土地使用类型。一般情况下，土地的补偿费用可能会远远低于土地的商业价值。在上世纪末，为了促进地方经济发展，在招商引资过程中，各地方政府竞相压低土地价格，使得土地价格大大偏离了市场决定的地价，土地价格扭曲已严重侵蚀了土地要素应得的收益。直到近几年，土地价格快速上涨，企业才不得不按要素实际价格获取土地，地价扭曲得到修复。

　　我国全部自然资源的所有权属于国家，资源使用者需要从国家手中获取资源的初始使用权。我国自然资源价值核算体系已基本确立，但资源使用者实际支付的是资源使用费或资源税，性质是政府税收或行政收费，环境污染等社会成本核算不足。加之自然资源使用权流转市场不完善，政府行为占据优势，自然资源市场竞争不充分。我国资源价格明显偏离市场均衡价格。

　　市场化改革通常会缓解要素市场的负向扭曲，但我国政府实施的赶超型发展战略继续人为压低土地、劳动等生产要素的价格等，使得这种负向扭曲没有得到根本性的修正。低工资、低利率、低资源产品价格等因素降低了国内生产的成本，中国产品有比较强的出口竞争力，出口量连年急剧增加。

5.3.2　赶超战略导致消费投资结构失衡致出口增长

　　在第二章中，我们分析了赶超战略导致的政府扭曲是中国消费投资结构失衡的根本原因，转型的"制度刚性"和路径依赖的演化惯性使得消费不足、投资偏高的结构得以长久维持。

投资的扩张产生了两个效应：一是对消费能力，尤其是居民消费能力形成进一步挤压；二是形成更大规模的未来产能。资本偏向型战略导致国民经济重化工倾向，经济增长不能创造更多的就业机会，参与社会分配的人数也就难以保证；投资挤压消费，低收入工资制度导致单位社会分配的劳动所得偏低。资本偏向型战略和低收入制度从这两个方面约束了公众消费能力，国内消费必然不足。

与此同时，资本偏向型战略和低收入制度又使得追加投资成为逐利的主要手段，企业投资冲动强烈。强烈的投资冲动形成巨大的生产能力，在内需不足的情况下，投资和消费出现不协调，其突出表现是储蓄和投资出现失衡，投资和消费关系的不平衡使得国民收入分配持续向投资倾斜，消费增长受到严重制约，生产和消费严重失衡，市场容量趋于相对萎缩，"产能过剩"在所难免。

高投资、低消费造成供需结构失衡，从需求看，大量投资形成的生产能力缺乏相应的消费来消化吸收。产业发展遭遇消费需求约束时，通过水平式拓展国际市场，也可以削弱消费需求约束，维持原有发展模式，从而形成均衡锁定状态。依赖扩大出口的办法平衡国内消费缺口，使经济增长模式从传统的内需驱动型变为外需驱动型。

5.3.3 赶超战略促进 FDI 引进致出口增长

地方政府执行赶超战略，会通过实施各种优惠政策和提供便利条件，来促进 FDI 的引进。中国经济体制改革的特色是在不改变政治权力基本结构的条件下，中央和地方实行经济上的分权。经济分权为地方政府提供了较为独立的经济决策环境，同时，集权的政治体制和分权的经济体制产生了特殊的政府结构，政治绩效的考察依赖于经济绩效的表现，这就导致地方政府竞争关系的产生（周业安，2002；周黎安，

2004)。尽管这种竞争关系的实质是获取基于经济绩效（尤其是 GDP）考核的政治绩效，但却表现在追求经济绩效的经济赶超行为上。地方政府的竞争关系直接导致地方政府追求经济资源的扩张。尤其突出的是，在各地招商引资的竞赛中对有限经济资源的争夺成为地方政府经济赶超的前提条件。在许多地方，如上海、江苏、浙江等地纷纷以远低于成本价的土地价格吸引外商，税收优惠也一再突破国家规定的外资优惠政策的底线（周黎安，2004）。地方政府为了实现赶超，通过人为压低土地、劳动等生产要素的价格吸引资本，这种"让利竞赛"必然会促进 FDI 的引进增加。

正如我们在文献综述中所总结的，FDI 对东道国贸易的效应有两个方面：一是直接效应，即 FDI 企业自身的出口带动东道国的出口；二是间接效应，即 FDI 的外溢效应，外溢效应是 FDI 对本土企业出口的带动作用。外溢效应表现在以下三方面：（1）本地一些企业会在与外商的合作中逐渐成长为独立的出口企业；（2）外商在东道国的经营必然会在营销技术和生产技术等方面发生外溢，为国内企业所吸收，进而形成持久的示范效应，这对于提高国内企业的出口竞争力是十分重要的；（3）FDI 还可以产生所谓的"市场进入外溢"（market access spillover），诸如国内企业可以分享外商贸易自由化的游说成果，减少进入外国市场的障碍，外商熟悉国际市场，可以成为国内企业获取国际市场信息、同国外贸易团体和产业组织建立联系的渠道，国内企业也有可能以较低的成本使用跨国公司的分销和营销设施等。江小涓（2002）、冼国明（2003）、柴敏（2006）、何艳（2009）和文东伟等（2009）等人的研究表明，FDI 大规模流入中国，不仅促进了中国的产业结构升级，而且还提高了中国出口占世界市场的份额，从而提升了中国的出口竞争力。

因此，我们得到结论，地方政府执行赶超战略会增加 FDI 的引进，而 FDI 的增长能促进出口贸易的增长。

5.3.4 赶超战略导致区域市场分割致出口增长

赶超战略导致区域市场分割，而市场分割迫使企业追求出口的扩张，进而推动地区出口的增长。

区域市场分割主要指一国范围内各地方政府为了本地的利益，通过行政管制手段，限制外地资源或产品进入本地市场或限制本地资源流向外地的行为。市场分割主要是由财政分权与地方竞争两个因素造成的，是中国经济转型期的一个特有的经济现象。

改革前的全国性赶超战略影响了改革过程中的中央和地方政府的保护主义和市场分割，许多大型国有企业仍然执行赶超任务，因而没有自生能力，从而产生政策性负担和预算软约束。而且随着分权式改革，地方政府在各种激励机制下产生了新的赶超。地方政府的赶超行为中，为了保护地方经济发展的既得利益从而在 GDP 竞赛中获胜而形成的地方保护主义。例如，周黎安（2004）、周黎安、汪淼军（2004）都证明，晋升机制导致了地方保护主义和重复建设；银温泉、才婉茹（2001）也认为，在分税制财政框架下，地方政府有很强的激励保护本地企业，导致市场分割。

如朱希伟、金祥荣等（2005）和张杰、张培丽等（2010）的研究所解释的，中国地区间"以邻为壑"的地方保护主义的市场分割，造成中国企业进入国内其他省份地区市场的交易成本要高于出口到国外市场的交易成本，迫使本土企业借助国际贸易替代国内贸易，从而获得企业规模扩张，这种情形下，中国地区间的市场分割反而会有助于本地企业的出口扩张。

地方政府执行赶超战略导致区域市场分割，从而迫使企业追求出口的扩张，进而推动地区出口的增长，我们认为这是赶超战略影响出口的机制之一。

综合以上四个机制的作用，我们提出赶超战略影响出口的观点：如果一个地方政府执行赶超战略，那么这个地区出口会上升。

5.4　模型设定、变量说明、计量方法与数据说明

5.4.1　模型设定

为了检验赶超战略对出口的影响，我们构造如下计量模型，考察出口的决定：

$$\text{Rexport}_{it} = \alpha_0 + \alpha_1 \text{TCI}_{it} + \beta' X_{it} + u_i + \varepsilon_{it} \qquad (5.1)$$

其中，Rexport 表示出口比重，用出口总额占 GDP 的比重来度量。TCI 表示赶超战略，用技术选择指数来度量。[①] X_{it} 是控制向量，包括上期出口比重（Rexport_1）、金融发展（Fd）[②]、基础设施（Linf）[③]、接近海外市场的成本（Dc）[④] 和资本和劳动相对丰裕度（$LPrgdp$ 和 $LPrgdp^2$）[⑤]。i 代表

[①]　技术选择指数 TCI 和 STCI 的构造详见第三章。

[②]　金融发展（Fd）：衡量金融发展的变量，我们用贷款占 GDP 的比重来度量。

[③]　基础设施（Linf）：衡量基础设施指标的变量，用地区公路里程占全国里程比重来度量。遵循金煜，陈钊，陆铭（2006），此处没有用铁路数据，是因为可得的铁路数据明显存在原因不明的异常波动。

[④]　接近海外市场的成本（Dc）：用各省份到海岸线的距离乘名义汇率的倒数来衡量。按照黄玖立、李坤望（2006）的做法，中国各省份到海岸线的距离为各省区省会城市到海岸线距离，其中沿海省份到海岸线距离为其内部距离；内地省份到海岸线距离为其到最近的沿海省区的距离加上该沿海省区的内部距离。名义汇率的贬值（直接标价法下数值增大）显然有利于扩大出口，而取倒数后对出口的效应正好相反，并且官方汇率为中央决策者控制，对各个地方来说可以视为外生给定的。所以我们用各省份到海岸线的距离乘名义汇率的倒数来衡量接近海外市场的成本。

[⑤]　资本和劳动相对丰裕度（$LPrgdp$ 和 $LPrgdp^2$）：人均收入是一个经济的劳动和资本相对丰裕度的好的近似。高收入国家资本丰裕，工资率高，低收入国家的情形则相反（林毅夫，2002）。人均实际 GDP 是对人均名义 GDP 经过平减而得，其中平减指数是通过名义 GDP 和 GDP 指数而得。出口与资本和劳动相对丰裕度呈 U 型关系。为了考察出口与资本和劳动相对丰裕度之间是否存在 U 型关系，我们在回归方程中添加了人均实际 GDP 的平方项（$LPrgdp^2$）。

地区，t 为年份，u_i 是地区效应，ε_{it} 是误差项，α_0 是常数项。下面分别讨论这些解释变量对中国出口扩张的预期影响。

5.4.2 变量说明

1. 执行赶超战略

根据我们上一节的分析，这个变量的预期系数应为正，即如果一个地方政府执行赶超战略，那么这个地区出口会上升。

2. 上期出口比重

考虑到出口订单合同，我们认为出口具有一定的连续性，在不出现国外需求剧烈波动的情况下，上期出口的数量和下期出口量间有着正向的关系，我们预期 Rexport_1 的系数符号为正。

3. 金融发展

金融发展不仅对长期经济增长具有重要影响，而且对一国专业化分工模式的选择与对外贸易的开展也有深远影响。金融系统具有降低风险，有效配置资源、动员储蓄、便利交易和加强监督管理等功能，发挥这些功能能够增加资本积累、推进技术创新，继而影响国际贸易的比较优势。金融发展通过支持规模经济行业的发展，促进规模经济和比较优势的发挥。金融发展通过支持资本积累和技术进步，促进国家（地区）比较优势动态化的发展。

金融发展对出口的正面影响得到了已有文献的支持。Kletz-er 和 Bardhan（1987）指出，对于那些更为依赖于外源融资（external financing）的行业，发展成熟的金融体系将使得该国在这些行业具有比较优势。Beck（2002）采用 65 个国家 30 年的面板数据进行分析，表明金融发展水平较高国家的工业制成品出口份额与工业制成品贸易顺差相应较高，因此在金融发展水平与工业制成品贸易之间存在正相关性。类似地，Svaleryd 和 Vlachos（2005）对经合组织国家专业化分工模式的经验研究也指出，金融部门的效率高低是影响国际分工模式的关键因素。

其他研究则考察了金融体系如何通过其他功能影响了专业化分工。例如，Baldwin（1989）认为，金融体系完备的国家往往在高风险产品行业的出口方面具有比较优势，因为发达的金融体系将对这些行业出口的潜在风险起到分散作用。Feeney 和 Hillman（2001）强调，一国究竟选择贸易保护还是贸易自由化，关键在于该国是否拥有足够完备的金融市场来化解世界市场价格波动对国内生产造成的冲击。金融发展程度较高的国家更有能力抵御外部价格波动的冲击，因而趋于选择贸易开放。

沈能、刘凤朝（2006）以金融视角研究地区开放度对区域对外贸易的作用机理，并通过面板回归模型的分析，可以发现：金融深化有利于地区对外贸易的发展；我国部分地区出口的快速发展在很大程度上得益于非正式金融。

包群、阳佳余（2008）通过构建理论模型分析了金融发展对工业制成品贸易的影响，得出三个命题：①发达的金融市场通过降低企业融资成本，从而使得本国在资本密集型的工业制成品出口方面具有比较优势。②发达的金融市场一方面通过提高工业制成品工人边际产出率，从而提高工业制成品部门工资；另一方面又通过降低工业制成品相对价格而降低工业制成品部门工资。因此存在金融发展影响劳动力部门配置的双重效应；均衡情形下金融发展并不影响劳动力的部门配置。③发达的金融市场将使得工业制成品部门的资本投入增加，并同时提高工业制成品部门的最终产量。利用中国数据的实证结果也表明，金融发展水平是影响工业制成品比较优势的重要变量。

综上所述，地区金融发展水平越发达，当地出口水平越高。我们预期 Fd 的系数符号为正。

4. 基础设施

王永进等（2010）从理论上考察了基础设施影响出口技术复杂度的微观机制，发现基础设施水平的提高不仅能够加深贸易的"深度"，而且还会增加贸易的"广度"。而且跨国实证结果也表明，基础设施对各国的出口技术复杂度具有显著的促进作用。这说明，良好的基础设施对于出口结构升级和出口技术复杂度的提高具有较好的解释力。

便捷的基础设施有助于降低企业的调整成本。同时，与国内贸易相比，国际贸易涉及更多的不确定性，这就特别需要企业根据经济情况的变动适时地调整生产，对于那些高复杂度产品而言更是如此。因此，基础设施的完善可以保证高复杂度行业的企业有效地调整生产，从而促进整体出口技术复杂度的提升。

王永进等（2010）在阐述基础设施影响出口技术复杂度的微观机制时提出了两个命题。命题1：对于那些已经进行出口的企业而言，其出口数量随基础设施水平的提高而增加。而且其所在行业的技术复杂度越高，基础设施对其出口数量的影响越大。命题2：基础设施水平的提高能够提高企业的出口参与，特别是对于那些技术复杂度较高的产品而言，其影响尤为明显。

新新贸易理论研究表明，贸易的增长主要依靠两种方式：一种是已有出口企业出口数量的增长，即出口深度的增长（the intensive margin of trade）；另一种是新企业的进入和出口种类的扩张，即出口广度的增长（the extensive margin of trade）（Melitz，2003；Chaney，2008）。

由命题1和命题2可知，基础设施水平的提高不仅可以提高企业的出口深度（出口数量），而且还能够促使更多的企业进行出口，增加出口的广度。同时，相对于那些低技术复杂度产品而言，基础设施对高技术复杂度产品出口广度和出口深度的影响更大。因此，基础设施的完善能够从"出口广度"和"出口深度"两个方面提高一国的出口产品复杂度。

遵循王永进等（2010）的研究，我们得出结论，如果一个地区基础设施水平越完善，那么越能促进当地的出口。我们预期基础设施对出口的影响为正。

5. 接近海外市场的成本

遵循黄玖立、李坤望（2006）的做法，我们构造的接近海外市场的成本由海外市场接近度和汇率（直接标价法）这两个变量合成而得，将这两者相乘取倒数得到接近海外市场的成本变量。

海外市场接近度是取各省区到海岸线的距离的倒数而得。海外市场接近度与各省区的出口密切相关。海运是对外贸易运输的主要形式，从节约运输成本的角度看，各省区越接近海岸线就意味着越接近国外市场。同时，西部地区多高原高山和沙漠，交通极为不便，而且相邻的国家如蒙古和独联体国家等在中国的总出口中份额很小。

在满足马歇尔—勒纳条件下，实际有效汇率的升值会导致贸易收支的恶化；反之，实际汇率的贬值能够提高一国出口商品的国际竞争力，从而促进该国的出口贸易。马君潞、王博、杨新铭（2010）的研究表明，人民币实际汇率的高低在决定出口绩效方面具有非常重要的影响，人民币汇率变化对出口额的影响无论长期还是短期都是显著的；黄静波、曾昭志（2011）的研究发现，人民币实际有效汇率上升在长期对我国出口有阻碍作用，在短期对出口影响不显著。

取这两个变量的乘积并取倒数得到接近海外市场的成本变量，综合这两者对出口的效应可知，接近海外市场的成本对出口的效应应是：成本越高，出口越少。施炳展、李坤望（2009）利用1992—2003中国各省份面板数据实证表明，接近海外市场的成本与出口确实具有负向的关系。沿海地区比内陆地区有更多的出口，而且随着时间的推移，这种地理上的优势作用并没有减少，反而有所上升。

据此，我们认为，如果一个地区接近海外市场的成本越低，其出口水平也越高。我们预期接近海外市场的成本（Dc）的系数符号为负。

6. 资本和劳动相对丰裕度

李嘉图比较优势理论的核心涵义是，只要两个国家两种产品劳动生产率不同，就存在贸易可能性，应该各自出口具有相对比较优势的商

109

品，进口不具有比较优势的商品。赫克歇尔和俄林根据李嘉图提出的思路，进一步表述了一国比较优势的来源和精确含义，提出要素禀赋理论：如果两个国家的生产技术和消费者偏好相同而要素禀赋不同，那么在自由贸易条件下每个国家都将出口密集其丰裕要素的产品，进口密集使用其稀缺要素的产品。H—O 模型假定各国生产技术相同而规模报酬不变，论证了要素禀赋的差异如何导致了国际贸易。

林毅夫等人认为，比较优势是贸易的基本动力，而要素禀赋与技术差异是决定国际分工方式与贸易结构的主要因素。根据中国现实国情与比较优势原理，应鼓励中国发展劳动密集型产品的出口（林毅夫等，1999；鞠建东、林毅夫等，2003）。但 Dani Rodrik（2006）通过比较研究的方法对中国的出口结构进行了定量评价，重点是从不同产品技术含量的角度考察中国贸易结构的分布以及变化，认为中国的贸易模式没有按照比较优势进行，而是致力于较高生产率产品的生产。他的研究表明，中国的出口结构与比其人均收入高三倍国家的出口结构相同。

江小涓（2002，2004）提出，生产要素特别是资本和技术这类"易流动"的要素在各国之间流动和重组，能够较快改变各国原有的要素结构和贸易结构。通过吸收外资和国外技术等渠道，中国在保持劳动力丰富这个特点的同时，迅速增加资本和技术存量，不断增加出口商品的资本和技术含量。樊纲、关志雄、姚枝仲（2006）的研究表明，中国出口品的附加值在向高端移动，但进口相对较高技术的产品、出口相对较低技术产品的格局没有根本改变。

中国在劳动力方面的优势是参与世界经济竞争最根本的比较优势，而随着资本积累和技术进步，中国在世界出口产品市场中的竞争优势在发生变化，资本和技术型的产品拥有了一定的竞争地位，中国出口商品的资本和技术含量不断增加，出口结构升级加快。我们判断，改革开放30 年来，在早期阶段，充分发挥劳动力的比较优势能促进出口增长，而当经济发展到一定阶段，资本积累和技术进步会提高资本和技术型的产品的出口，从而促进出口总量增长。因此，我们提出要素禀赋影响出口的观点：资本和劳动相对丰裕度与出口呈 U 型关系。为了考察出口与资本和劳动相对丰裕度之间是否存在 U 型关系，我们在回归方程中添加了人均实际 GDP 的平方项（$LPrgdp^2$）。我们预期，人均实际 GDP（$LPrgdp$）的系数符号为负，人均实际 GDP 的平方项（$LPrgdp^2$）的系数符号为正。

5.4.3　计量方法

在方法上，本章使用面板数据的固定效应估计和随机效应估计。具体而言，本书的计量程序如下。（1）采用 F 检验来识别省际效应是否显著和 BPLM 检验来识别随机效应是否显著；如果两者都显著，则用 hausman 检验来选择估计方法。如果只有一个显著，则采用相应的方法进行估计。如果两者都不显著，则采用混合 OLS 方法来估计。（2）我们度量了赶超战略的两个指标，即基于工业的 TCI 和基于第二产业的 STCI，我们分别用这两个指标代理赶超战略进行检验估计，以考察结果的稳健性。

5.4.4　数据说明

本章所用的数据是中国 27 个地区（除西藏、海南、四川和重庆外）1985—2008 年间的面板数据，其中出口额、GDP、GDP 指数、人均名义 GDP、贷款额、公路里程均来自《新中国 60 年统计资料汇编》和《中国统计年鉴》；接近海外市场的成本中各省份到沿海距离数据来自南开大学黄玖立提供的数据，历年中国官方汇率数据取自宾夕法尼亚大学的"国际比较中心"（CIC）提供的"宾夕法尼亚世界表"（PWT6.3）①；工业增加值、第二产业增加值、工业职工人数和总职工

---

① 详见 http：//pwt. econ. upenn. edu/。

人数、第二产业就业人数和总就业人数来自《中国统计年鉴》，其中工业职工人数是各地区按行业分职工人数（年底数）中的"采掘业、制造业和电力、燃气及水的生产和供应业"三个分行业职工人数之和。本章基本变量的描述性统计见表5-3。

表5-3　变量的描述性统计（三）

变量	观察值	均值	标准差	最小值	最大值
TCI	647	0.9725508	0.2744707	0.1775027	2.244535
STCI	648	5.141859	3.509054	1.599093	22.67062
Fd	648	1.012429	0.3670816	0.493	2.772
Linf	648	0.0321022	0.0161224	0.0021838	0.0965565
Dc	648	1.643947	0.4690265	0.5367502	2.930563
Prgdp	648	2660.16	3098.579	328.7578	27188.65
Rexport	648	0.1491071	0.1790574	0.0015183	0.9368952

5.5　计量结果分析

我们利用1985—2008年27个省（直辖市、自治区）的面板数据对本书所设定的计量方程（5.1）进行了固定效应估计和随机效应估计，F检验表明固定效应显著，BPLM检验表明随机效应不显著，所以此处我们选择固定效应估计来报告结果。表5-4报告的是对计量方程（5.1）的估计结果，其中Ⅰ列是基于TCI估计的结果，Ⅱ列是基于STCI的估计结果。

表5-4　赶超战略与中国出口的决定

被解释变量	rexport	rexport
	Ⅰ	Ⅱ
rexport_1	0.812***	0.803***
	(0.000)	(0.000)

续表

被解释变量	rexport	rexport
	I	II
TCI	0.037***	
	(0.003)	
STCI		0.0008
		(0.430)
Fd	0.0193***	0.0153**
	(0.009)	(0.035)
Linf	0.0142*	0.0157**
	(0.052)	(0.032)
Dc	−0.0708***	−0.0462***
	(0.000)	(0.007)
LPrgdp	−0.267***	−0.212***
	(0.000)	(0.000)
$LPrgdp^2$	0.0169***	0.0141***
	(0.000)	(0.000)
F test（Pr > F）	4.79（0.0000）	4.67（0.0000）
BPLM test（Pr > Chi^2）	0.64（0.4220）	2.03（0.1547）
Number of observations	620	621
R^2	0.9477	0.9560

注:***,**,*分别表示在1%、5%和10%水平上显著。括号内是 p 值。

通过比较，我们考察赶超战略不同的代理变量是否会对结果产生显著影响。我们发现，除了 II 列 STCI、Fd 和 Linf 在显著性上略有差异之外，其他的比较在显著性和符号方向方面没有任何差异，这表明我们计量结果的稳健性。现以 I 列为例进行计量结果分析。观察 I 列，我们不难得到以下结论:

第一，上期的出口对下期出口有显著的正向影响。这符合我们的预期，即由于出口订单合同的连续性，两期出口间具有正向的联系。

第二，提高赶超战略的程度将显著促进出口增长。具体而言，技术选择指数每提高一个单位将导致出口比重提高个 3.7 个百分点。这符合我们的预期。执行赶超战略导致出口增加可能是以下几个方面的作用：赶超战略导致要素市场负向扭曲，降低了国内生产的成本，出口竞争力增强，出口增加；导致消费投资失衡，过剩的产能寻求出口的途径加以消化；执行赶超战略的政府"让利竞赛"，加大招商引资的力度，当地 FDI 引进增多有助于出口增加；赶超战略导致区域市场分割，而市场分割迫使企业追求出口的扩张，进而推动地区出口的增长。

第三，金融发展水平对出口的影响显著为正。金融发展水平每上涨一个单位将导致出口比重显著增加 1.93 个百分点。这与我们的预期完全一致。金融发展通过支持规模经济行业的发展，促进规模经济和比较优势的发挥；通过支持资本积累和技术进步，促进比较优势动态化的发展，从而促进了地区出口水平的增长。

第四，基础设施水平对出口的影响显著为正。基础设施水平每提高一个单位，出口比重将显著增加 1.42 个百分点。这与预期完全符合，基础设施水平的提高不仅可以提高企业的出口深度（出口数量），而且还能够促使更多的企业进行出口，增加出口的广度，从而从总体上提高出口。

第五，接近海外市场的成本对出口的影响显著为负。成本每降低一个单位，出口比重就上升 7.08 个百分点。这与我们的预期完全一致。这说明了沿海地区因更接近海外市场，运输成本低，因此比内地拥有更多出口的机会，出口增加；同时也说明汇率的贬值有助于出口增加。

第六，出口与资本和劳动相对丰裕度呈 U 型关系，这符合我们的预期。其背后的逻辑在于：改革开放前期阶段，中国劳动力优势在出口方面具根本性优势，此时提高资本相对于劳动的比重反而不利于发挥劳动力的优势，从而阻碍出口的增长；而当经济发展到一定阶段，我国资本和技术型产品在国际出口市场中具有了竞争优势，此时，资本相对劳动的比重的提高有利于出口增长。我们还发现，当人均实际 GDP 小于 2755.41 元时，出口将随着人均实际 GDP 的增加而下降；当人均实际 GDP 超过 2755.41 元时，出口将随着人均实际 GDP 的增加而上升。这可能说明此时出口与资本和劳动相对丰裕度呈 U 型关系的拐点发生，意味着在劳动密集型产品保持非常高的比较优势的同时，我国资本禀赋以及资本密集型产品的比较劣势开始得到极大地改善，中国出口商品的比较优势表现出动态的变化过程，可以说是一个支持巴拉萨的阶段比较优势理论的例子（傅朝阳、陈煜，2006）。①

5.6　结论和政策建议

5.6.1　基本结论

中国出口规模的持续扩张以及对外贸易依存度偏高不下，是我国需求结构失衡的表现之一。为了解释中国出口规模持续扩张的现象，本章在梳理已有研究的基础上，分析了赶超战略影响出口的机制，然后建立计量模型，在控制了要素禀赋、金融发展、基础设施和接近海外市场的成本等变量后，利用中国 27 省区 1985—2008 年的面板数据进行了实证检验。我们发现：

1. 提高赶超战略的程度将显著促进出口增长，技术选择指数每提高一个单位将导致出口比重提高个 3.7 个百分点，赶超战略是导致中国出口持续扩张从而外部失衡的重要因素。执行赶超战略导致要素市场负向扭曲，降低了国内生产的成本，出口竞争力增强，出口增加；赶超战略导致消费投资失衡，过剩的产能寻求出口的途径加以消化；执行赶超

---

① 傅朝阳，陈煜. 中国出口商品比较优势：1980—2000 [J]. 经济学（季刊）. 2006，5（2）：579 – 590.

战略的政府"让利竞赛",加大招商引资的力度,当地 FDI 引进增多有助于出口增加;赶超战略导致区域市场分割,而市场分割迫使企业追求出口的扩张,进而推动地区出口的增长。

2. 金融发展水平对出口的影响显著为正,金融发展水平每上涨一个单位将导致出口比重显著增加 1.93 个百分点。金融发展通过影响一国的资金供给规模和成本,对一国的比较优势产生影响。支持规模经济行业的发展,促进规模经济和比较优势的发挥;支持资本积累和技术进步,促进地区比较优势动态化的发展,从而促进了地区出口水平的增长。

3. 基础设施水平对出口的影响显著为正,基础设施水平每提高一个单位,出口比重将显著增加 1.42 个百分点。基础设施水平的提高不仅可以提高企业的出口深度(出口数量),而且还能够促使更多的企业进行出口,增加出口的广度,从而从总体上提高出口。

4. 接近海外市场的成本对出口的影响显著为负。成本每降低一个单位,出口比重就上升 7.08 个百分点。如果一个地区接近海外市场的成本越低,其出口水平也越高。

5. 出口与资本和劳动相对丰裕度呈 U 型关系。我们还发现,当人均实际 GDP 小于 2755.41 元时,出口将随着人均实际 GDP 的增加而下降;当人均实际 GDP 超过 2755.41 元时,出口将随着人均实际 GDP 的增加而上升。这可能说明此时出口与资本和劳动相对丰裕度呈 U 型关系的拐点发生,意味着在劳动密集型产品保持非常高的比较优势的同时,我国资本禀赋以及资本密集型产品的比较劣势开始得到极大地改善,中国出口商品的比较优势表现出动态的变化过程,支持了巴拉萨的阶段比较优势理论。

5.6.2 政策建议

我国需求结构失衡的一个表现就是出口规模持续扩张以及出口需求

占国民产出的比重偏高不下。赶超战略引致要素市场负向扭曲、市场分割以及消费投资失衡，导致内需不足和出口的持续扩张，正是导致我国需求结构失衡的关键因素。为了解决经济增长过分依赖国外需求的问题，促进中国出口健康有序的发展，应从政府的发展战略这个根源上入手，加快推动经济增长从主要依靠投资、出口拉动向依靠消费、投资、出口协调拉动转变。以下是几点政策建议。

第一，加强国内市场的基础性作用，注重发展外贸与扩大内需的协调性。改善投资与消费结构，采取更加积极的鼓励消费的政策，中央和地方财政支出都应更多的用于民生工程，以提升消费特别是居民消费占GDP 的比重。扩大内需，使经济增长从过分依赖外需转为内外需并重、全面融合发展，转移到依靠消费、投资、出口协调拉动的轨道上。

第二，构建合理的要素价格体系，消除要素市场价格扭曲，见第 3 章建议部分。

第三，完善政绩考核评价机制，见第 3 章建议部分。

第四，消除市场分割，建设统一大市场。中国是一个发展中大国，经济发展不能仅依靠外需，内需是保障经济持续稳定发展的基础，区域经济协调发展具有同样重要的地位，这就要求在国内建设高度一体化的市场。如何消除市场分割，建立统一大市场，不仅仅在于消除地方保护主义。从根本上解决的办法是统筹区域发展，实现区域间的合理分工和协作，使地区间的经济联系更加紧密，在发展中实现多方共赢的局面。具体的措施可以考虑引入大区规划，协调大区内各省区的产业发展规划，逐步调整和优化大区内的产业结构，最终实现省区间的分工协作，并建立一个跨省区权威性机构来监督和协调大区规划的制定与实施。通过努力消除市场分割这个制度层面的障碍，积极引导和鼓励中国本土企业由一味追逐出口适度转向面向内需。

第6章 总 结

为了解释我国需求结构失衡，本书从发展战略视角出发构造一个分析框架，通过理论和实证研究，解释了中国消费投资结构失衡、要素收入分配结构失衡以及出口贸易规模扩张，从而回答了第一章导论中提出的问题。根据前面各章的具体研究，本书得出以下一些结论：

1. 发展战略与中国消费投资结构失衡。第三章首先回顾了改革开放后中国消费和投资的关系，总结其变化特点。在整理已有研究的基础上，阐述中国消费投资结构失衡的原因，并具体就赶超战略影响消费投资失衡的机制展开分析。我们的分析认为，基于经济绩效（尤其是GDP）考核的竞争和以生产性增值税为基础的分税制促使地方政府执行赶超战略，导致要素市场负向扭曲进一步强化，扶持企业大力发展本没有自生能力的资本密集型产业，直接推动投资率上升；导致要素收入分配向政府和资本倾斜，而分配关系决定了消费与投资支出的比重，推动投资率上升，消费率下降。为了验证我们的解释，通过建立计量模型，在控制了经济发展阶段和金融发展变量后，利用中国 27 省区 1985—2008 年的面板数据进行实证检验。实证结果发现，提高赶超战略的程度将显著降低居民消费率，提高投资率；居民消费率与 $LPrgdp$ 呈 U 型关系，投资率与 $LPrgdp$ 呈倒 U 型关系。提高金融发展水平能促进消费，降低投资率。

2. 发展战略与中国要素收入分配结构失衡。第四章首先回顾整理了相关文献的研究，认为发展战略是影响要素收入分配结构的重要因素。随后重点分析了赶超战略导致劳动收入份额下降的机制，分别从偏向资本的制度安排、产品市场、要素市场不完全竞争程度加深以及过快的资本深化这三个方面分析劳动收入份额下降的原因。然后，利用1985—2004 年度中国省级面板数据，在控制了经济发展阶段这个变量后，进行了检验，结果表明，赶超战略是导致劳动收入份额下降的重要因素，提高赶超战略的程度将显著降低劳动收入份额；劳动收入份额与人均实际 GDP 呈 U 型关系，说明因目前所处的经济发展阶段，我国劳动收入份额处于下行通道。

3. 发展战略与中国出口规模的扩张。第五章首先回顾了中国出口贸易增长的历程，并对其原因做出解释，并重点分析赶超战略影响出口的机制。我们的分析认为，执行赶超战略导致要素市场负向扭曲进一步强化，降低了国内生产的成本，使得出口竞争力增强，出口增加；赶超战略导致消费投资失衡，过剩的产能寻求出口的途径加以消化；执行赶超战略的政府"让利竞赛"，加大招商引资的力度，当地 FDI 引进增多有助于出口增加；赶超战略导致区域市场分割，而市场分割迫使企业追求出口的扩张，进而推动地区出口的增长。然后建立计量模型，在控制了要素禀赋、金融发展、基础设施和接近海外市场的成本等变量后，利用中国 27 省区 1985—2008 年的面板数据进行了实证检验。实证结果表明，提高赶超战略的程度将显著促进出口增长；金融发展水平、基础设施水平对出口的影响显著为正；接近海外市场的成本对出口的影响显著为负；出口与资本和劳动相对丰裕度呈 U 型关系。

4. 要素收入分配结构失衡与消费投资结构失衡。第三章分析到，要素收入分配结构失衡是消费投资结构失衡的重要原因。要素收入分配过度向资本和政府倾斜，资本所有者大部分也是投资者，其边际投资倾向会明显超过劳动者，企业获得的收入越多，其进一步投资的能力也就越强，其吸引新投资的示范效应也就越强；而他们的边际消费率低于劳动者，政府和企业收入主要用于储蓄和投资，不会直接用于最终消费，因此投资率上升，消费率下降。劳动收入占比的下降直接影响到居民消费，导致消费率下降。劳动报酬在初次分配中的过低比重，制约了居民消费能力。劳动所得用于消费的边际倾向要远远高于资本所得，劳动收入占比的下降使得居民人均收入相对资本报酬和政府收入下降，居民收入尤其是劳动报酬主要用于消费，劳动收入份额下降使不同群体之间的收入差距逐渐拉大，因此，国民收入分配格局变化致使消费需求低迷，消费率下降。

5. 消费投资结构失衡与中国出口贸易扩张。第五章分析到，中国出口贸易扩张是消费投资结构失衡的必然结果。投资的扩张产生了两个效应：一是对消费能力，尤其是居民消费能力形成进一步挤压；二是形成更大规模的未来产能。资本偏向型战略导致国民经济重化工倾向，经济增长不能创造更多的就业机会，参与社会分配的人数也就难以保证；投资挤压消费，低收入工资制度导致单位社会分配的劳动所得偏低。资本偏向型战略和低收入制度从这两个方面约束了公众消费能力，国内消费必然不足。与此同时，资本偏向型战略和低收入制度又使得追加投资成为逐利的主要手段，企业投资冲动强烈。强烈的投资冲动形成巨大的生产能力，在内需不足的情况下，投资和消费出现不协调，其突出表现是储蓄和投资出现失衡，投资和消费关系的不平衡使得国民收入分配持续向投资倾斜，消费增长受到严重制约，生产和消费严重失衡，市场容量趋于相对萎缩，"产能过剩"在所难免。高投资、低消费造成供需结构失衡，从需求看，大量投资形成的生产能力缺乏相应的消费来消化吸收。产业发展遭遇消费需求约束时，通过水平式拓展国际市场，也可以削弱消费需求约束，维持原有发展模式，从而形成均衡锁定状态。依赖扩大出口的办法平衡国内消费缺口，使经济增长模式从传统的内需驱动型变为外需驱动型。

参考文献

[1] Acemoglu, D. and Guerrieri, V., "Capital Deepening and Non-balanced Economic Growth", NBER Working Paper, 2006, No. 12475.

[2] Acemoglu, D., "Directed technical change", Review of Economic Studies, 2002, 69(4), pp. 781-809.

[3] Acemoglu, D., "Labor-and capital-augmenting technical change", NBER Working Paper No. 7544, National Bureau of Economic Research, Cambridge, MA, 2000.

[4] Acemoglu, D., P. Antras, and E. Helpman, "Contracts and Technology Adoption", American economic Review, 2007, 97 (3), pp. 916-943.

[5] Arestis P, Zingales L, "financial dependence and economic growth", the role of stock markets. Journal of Money, Credit and Banking, 2001, 33 (1): 42-73.

[6] Bai, CE. and Qian, ZJ, "The factor income distribution in China: 1978-2007", China Economic Review, 2010, 21, pp. 650-670.

[7] Baldwin, R, "The Political Economy of Trade Policy", Journal of Economic Perspectives, 1989, 3, pp. 119-135.

[8] Beck, T, "Financial Development and International Trade: Is There a Link", Journal of International Economics, 2002, 57, pp. 107-131.

[9] Bentolila, S. and Saint-Pau, l G, "Explaining Movements in the Labor

Share", Contributions to Macroeconomics, 2003, 3 (1), pp. 1103-1137.

[10] Berkowitz D. , J. Moenius, K. Pistor, "Trade, Law, and Product Complexity",Review of Economics and Statistics, 2006,88(2), pp. 363-373.

[11] Blanchard, O. and Giavazz,i F, "Macroeconomic Effects of Regulation and Deregulation in Goods And Labor Markets",The Quarterly Journal of Economics, 2003, 118(3), pp. 879-907.

[12] Blanchard, O. , "The Medium Run", Brookings Papers on Economic Activity, 1997,2, pp.89-158.

[13] Caves, R. , "Multinational Enterprises and Economic Analysis", Cambridge, MA Cambridge Univ. Press, 1996.

[14] Chaney, T. , "Distorted Gravity: The Intensive and Extensive Marginsof International Trade", American Economic Review,2008, 98 (4),pp.1707-1721.

[15] Chao, Chi-Chur, Yu, Eden S. H. and Yu, Wusheng, "China's Import Duty Draw back and VAT Rebate Policies: A General Equilibrium Analysis. " China Economic Review, 2006, 17(4), pp. 432-448.

[16] Chao, Chi-Chur, Chou, W. L. and Yu, E. S. H, "Export Duty Rebates and Export Performance: Theory and China's Experience", Journal of Comparative Economics, Vol 29, 2001, pp. 314-326.

[17] Chen Hui ya, Swenson D. L. , "Multinationals and the Creation of Chinese Trade Linkages", Paper presented at the Trade Conference hosted by the International Monetary Fund,2007.

[18] Chen, Chien-Hsun, Ma, i Chao-Cheng and Yu, Hui-Chuan, "The Effect of Export Tax Rebates on Export Performance: Theory and

Evidence from China", China Economic Review, 2006, 17(2), pp. 226-235.

[19] Chi-Chure Chao, W. L. Chou and Eden S. H. Yu, "Export Duty Rebates and Export Performance: Theory and China's Experience", Journal of Comparative Economics, 2001, 29, pp. 314-326.

[20] Chien-Hsun Chen, Chao-ChengMai, Hui-Chuan Yu, "The Effect of Export Tax Rebates on Export Performance: Theory and Evidence from China", China Economic Review, 2006, 17, pp. 226-235.

[21] Costinot, A., "On the Origins of Comparative Advantage", Journal of International Economics, 2009, 77(2), 255-264.

[22] Dani Rodrik,田慧芳. "中国的出口有何独特之处？". 世界经济. 2006,3:20-30.

[23] Dinopoulos, Elias and Kar-yiu Wong, "Quid Pro Quo Foreign Investment and Political Intervention." in K. A. Koekkoek and C. B. M. Mennes, eds., International Trade and Global Development: Essays in Honour of Jagdish Bhagwati, London: Routledge, 1991, pp. 162-190.

[24] Dinopoulos, Elias, "Quid Pro Quo Foreign Investment", Economics and Politics, 1989, 1(2), pp. 145-160.

[25] DIWAN, "Labor Shares and Globalization ", World Bank working paper, 2000.

[26] Driscoll, J. and Kraay, A., "Consistent Covariance Matrix Estimation with Spatially Dependent Panel Data", Review of Economics and Statistics, 1998, 80(4), pp. 549-560.

[27] Fang, HS. and Jin XR, "The Role of Economic Structural AdJustment for Long-Term Economic Stability in China: Estimation Based on Variance Decomposition ", Pacific Economic Review, 2010, 15(5), pp.

637-652.

[28] Feeney, J. and Hillman, A, "Trade Liberalization and Asset Markets", University of Albany working paper, 2001.

[29] Feenstra, C. Robert and Kee, H. L., "Trade Liberalisation and Export Variety: A Comparison of Mexico andChina", World Economy, 2007, 30, pp. 5-21.

[30] Ferguson, C. E, "Neoclassical Theory of Technical Progress and Relative Factor Shares", Southern Economic Journal, 1968, 34(4), pp. 90-504.

[31] García-Herrero, A., Gavilá, A. and Santabárbara, D. "China´s banking reform: an assessment of its evolution and possible impact", Working Paper, 2005

[32] Gollin, D., "Getting income shares right," Journal of Political Economy, 2002,110(2), pp. 458-75.

[33] Gomme, P. andGreenwood, J., "On the cyclical allocation of risk", Journal of Economic Dynamics and Control, 1995,19, pp. 91-124.

[34] Greenaway, David &Sousa, Nuno & Wakelin, Katharine. "Do Domestic Firms Learn to Export From Multinationals?", European Journal of Political Economy,4,2004,pp. 1027-1043.

[35] Grossman, G. and Helpman, E., Innovation and Growth in the Global Economy, MIT Press,1995.

[36] Grossman, S., and O. Hart, "The Costs and Benefits of Ownership: A Theory of Vertical and Lateral Integration", Journal of Political Economy, 1986, 94(4), 691-719.

[37] Guscina, A., "Effects of globalization on labor's share in national income", IMF Working Paper, 2006, No. 294.

[38] Hanson, G. H., and Slaughter, M. J., "Vertical Production

Networks in Multinational Firms", NBER working paper, Feb,2004.

[39] Harrison, A. E. , " Has globalization eroded labor's share? Some cross-country evidence",Mimeo, University of California at Berkeley, Berkeley, Ca. 2002.

[40] Hart, O. , and J. Moore, "Property Rights and Nature of the Firm", Journal of Political Economy, 1990, 98(6), 1119-1158.

[41] Hu, A. G. Z. and Jefferson, G. H. , "FDI Impact and Spillover: Evidence fromChina's Electronic and Textile Industries", World Economy,2002, 25(8), pp. 1063-1076.

[42] Jeremy Greenwood, Boyan Jovanovic. "Financial development, growth, and the distribution of income",Journal of Political Economics,1990, 98(5).

[43] Jones, R. W. ,"Globalization and the Theory of Input Trade", MIT Press,2000.

[44] Kessing, S. G. , " A note on the determinant of labor share movements," Economic Letters,2003,81(1), pp. 9-12.

[45] Kletzer, K. and Bardhan, P, " Credit Markets and Patterns of International Trade". Journal of Development Economics, 1987, 27, pp. 57-70.

[46] KoJima, K. ,"International Trade and Foreign Investment: Substitutes or Complements",Journal of Economics,1975,15,1,pp. 78-103.

[47] Krugman, P. R. , " Rethinking International Trade ", the MIT Press,1990.

[48] Kuznets, S. "National Income and Its Composition 1919-1938",New York, National Bureau of Economic Re search, 1941.

[49] Lai R. , " Does Public Infrastructure Reduce Private Inventory?", MPRA Paper No. 4756, 2006.

[50] Levchenko, A. , "Institutional Quality and International Trade", Review of Economic Studies,2007, 4(3), 791-819.

[51] Levchenko, A. , "Institutional Quality and International Trade", IMF working paper WP/04/231,2004.

[52] Liu, Z. , "Foreign Direct Investment and Technology Spillover: Evidence fromChina", Journal of Comparative Economics, 2002,30 (3),pp. 579-602.

[53] Markuson,James R. and Lars E. O. Svensson,"Tarde in Goods and Factor with international differences in Technology", International Economic Review, 1985,Vol. 26,No. 1.

[54] Melitz, M. J. , "The Impact of Trade on Intraindustry Reallocations and Aggregate Industry Productivity", Econometrica,2003,71 (6), pp. 695-725.

[55] Moreno R. , E. Lopez-Bazo and M. Artis, "Public Infrastructure and the Performance of Manufacturing Industries: Short-and Long-run Effects", Regional Science and Urban Economics,2002,32 (1),pp. 97-121.

[56] Mudell,R. A. , "International Trade and Factor Mobility", American Economic Review,1957,47,pp. 321-335.

[57] North, D. , "Institutions, Institutional Change and Economic Performance", Cambridge: Cambridge University Press,1990.

[58] Nunn, N. , "Relationship-Specificity, Incomplete Contracts and the Pattern of Trade", Department of Economics & Institute for Policy Analysis, University of Toronto, Mimeo,2005.

[59] Nunn, N. , "Relationship-Specificity, Incomplete Contracts, and the Pattern of Trade", Quarterly Journal of Economics, 2007, 122(2), 569-600.

［60］ Oliver Blanchard and Francesco Giavazzi,张明译.重新平衡中国的增长:一种三管齐下的解决方案,世界经济.2006,3:3-19.

［61］ Ortega, D. and Rodríguez,F. , "Openness and Factor Shares", mimeo of University of Maryland,2002.

［62］ Perkins, F. C., "Export Performance and Enterprise Reform inChina's Coastal Provinces", Economic Development and Cultural Change, 1997,45(3), pp. 501-539.

［63］ Rodríguez, F. and Ortega, D., "Are Capital Shares Higher in Poor Countries? Evidence from Industrial Surveys", Wesleyan Economics Working Papers,2006, No. 2006-023.

［64］ Rodrik D., "What s So Special aboutChina s Exports?", NBER Working Papers 11947, National Bureau of Economic Research,2006.

［65］ Rodrik, D., "InstitutionsforHigh-QualityGrowth:What They are and How to Acquire Them", NBER Working Papers 7540, National Bureau of Economic Research,2000.

［66］ Saint-Pau, l G. "A Framework for Analyzing the Political Support for Active Labor Market Policy", Journal of Public Economics, 1998, 67 (2), pp. 151-165.

［67］ Shirley C. and C. Wintson, "Firm Inventory Behavior and the Returns from Highway Infrastructure Investment", Journal of Urban Economics, 2004, 55(2), pp. 398-415.

［68］ Spector, D, "Competition and the Capital-Labor Conflict", European Economic Review, 2004, 48(1), pp. 25-38.

［69］ Svaleryd, H. and Vlachos, J, "Financial Markets, the Pattern of Specialization and Comparative Advantage:Evidence from OECD Countries",European Economic Review, 2005, 49(1), pp. 113-144.

［70］ Thomas G. Rawski..投资行为将会限制中国的经济增长吗[J].世

界经济文汇.2003,1.

[71] Victor, F. S. Sit, "China's Export-Oriented Open Areas: The Export Processing Zone Concept", Asian Survey, 1988,28(6), pp. 661-675.

[72] Vogel, J., "Institutions and Moral Hazard in Open Economies", Journal of International Economics, 2007, 71(2), 495-514.

[73] Williamson, O., "The Economic Institution of Capitalism", New York: Free Press, 1985.

[74] Young, A. T., "Labor's Share Fluctuations, Biased Technical Change, and the Business Cycle", Review of Economic Dynamics, 2004,7(4),pp. 916-931.

[75] Zhao Hongxin and Li Hongyu, "R&D and Export: an Empirical Analysis of Chinese Manufacturing Firms", Journal of High Technology Management Research,1997, 8(1), pp. 89-105.

[76] Zuleta, H. and Young, A. T., "Labor's Shares-Aggregate and Industry: Accounting for both in a Model of Unbalanced Growth with Induced Innovation", Working paper, Universidad del Rosario and University of Mississippi,2007.

[77] 白重恩,钱震杰,武康平.中国工业部门要素分配份额决定因素研究[J].经济研究.2008,8:16-28.

[78] 白重恩,钱震杰.劳动收入份额决定因素——来自中国省际面板数据的证据[J].世界经济.2010,12:3-27.

[79] 白重恩,钱震杰.我国资本收入份额影响因素及变化原因分析——基于省际面板数据的分析[J].清华大学学报(哲学社会科学版).2009,24(4):137-148.

[80] 包群,阳佳余.金融发展影响了中国工业制成品出口的比较优势吗[J].世界经济.2008,3:21-33.

[81] 北京大学中国经济研究中心宏观组.产权约束、投资低效与通货紧

缩[J]. 经济研究. 2004, 9:26-35.

[82] 蔡昉. 科学发展观与增长可持续性[M]. 中华书局. 2009a.

[83] 蔡昉. 蔡昉论文选[M]. 中华书局. 2009b.

[84] 蔡跃洲, 王玉霞. 投资消费结构影响因素及合意投资消费区间[J]. 经济理论与经济管理, 2010, 1:24-30.

[85] 曹广忠, 袁飞, 陶然. 土地财政、产业结构演变与税收超常规增长——中国"税收增长之谜"的一个分析视角[J]. 中国工业经济. 2007, 12:13-21.

[86] 柴敏. 外商直接投资对中国内资企业出口绩效的影响——基于省际面板数据的实证分析[J]. 管理世界. 2006, 7:46-52.

[87] 陈平, 黄健梅. 中国出口退税效应分析——理论与实证[J]. 管理世界. 2003, 12:25-31.

[88] 杜亚丽, 孟耀. 投资与消费比例失调的影响及其对策[J]. 东北财经大学学报. 2010, 2:44-49.

[89] 方福前. 中国居民消费需求不足原因研究——基于中国城乡分省数据[J]. 中国社会科学. 2009, 2:68-84.

[90] 方红生. 中国式分权、内生的财政政策与宏观经济稳定: 理论与实证[M]. 格致出版社、上海三联出版社和上海人民出版社. 2010.

[91] 方红生, 金祥荣. 赶超战略、财政制度安排与中国失衡的消费投资结构[R]. 浙江大学经济学院工作论文. 2010.

[92] 方红生, 金祥荣. 赶超战略、财政制度安排与中国失衡的收入分配结构[R]. 浙江大学经济学院工作论文. 2011.

[93] 方红生, 张军. 中国地方政府竞争、预算软约束与扩张偏向的财政行为[J]. 经济研究. 2009, 12:4-16.

[94] 方军雄. 市场化进程与资本配置效率的改善[J]. 经济研究. 2006, 5:50-61.

[95] 房林, 邹卫星. 中国消费投资失衡的现状与危害述评[J]. 消费经

济.2008,24(5):3-6.

[96] 封福育.人民币汇率波动对出口贸易的不对称影响[J].世界经济
　　　文汇.2010,2:24-32.

[97] 冯蕾.改革开放以来我国历次出口下降的原因及影响分析[J].统
　　　计研究.2010,27(5):3-11.

[98] 傅朝阳,陈煜.中国出口商品比较优势:1980—2000[J]..经济学
　　　(季刊).2006,5(2):579-590.

[99] 傅勇,张晏.中国式分权与财政支出结构偏向:为增长而竞争的代
　　　价[J].管理世界.2007,3:4-13.

[100] 傅勇.中国式分权与地方政府行为:探索转变发展模式的制度性
　　　　框架[M].复旦大学出版社.2010.

[101] 高培勇.中国税收持续高速增长之谜[J].经济研究.2006,12:
　　　　13-23.

[102] 龚刚,杨光.从功能性收入看中国收入分配的不平等[J].中国社
　　　　会科学.2010,2:54-69.

[103] 郭克莎.我国投资消费关系失衡的原因和"十二五"调整思路[J].
　　　　开放导报.2009,6:5-8.

[104] 韩立岩、蔡红艳:我国资本配置效率及其与金融市场关系评价研
　　　　究[J].管理世界.2002,1:65-70.

[105] 何帆,王世华.寻求治理中国经济内外部失衡的政策组合[J].中
　　　　国金融.2006,16:53-55.

[106] 何艳.外商直接投资的出口溢出效应[J].管理世界.2009,1:
　　　　170-171.

[107] 贺秋硕.我国收入不平等、金融发展和消费需求波动的实证研究:
　　　　1978-2001[J].当代经济科学.2006,28(2):30-37.

[108] 华民.应对中国经济内外失衡的开放战略[J].学术界.2007,1:
　　　　7-19.

[109] 黄静波,曾昭志.人民币汇率波动、FDI 流入对出口影响之分析[J].中山大学学报(社会科学版).2011,51(1):192-199.

[110] 黄玖立,李坤望.出口开放、地区市场规模和经济增长[J].经济研究.2006,6:27-38.

[111] 黄先海,徐圣.中国劳动收入比重下降成因分析[J].经济研究.2009,7:34-44.

[112] 纪明.需求变动与经济增长:理论解释及中国实证[J].经济科学.2010,6:18-39.

[113] 江小涓.中国的外资经济[M].中国人民大学出版社.2002.

[114] 江小涓.中国出口增长与结构变化:外商投资企业的贡献[J].南开经济研究.2002,2:30-34.

[115] 江小涓等.全球化中的科技资源重组与中国产业技术竞争力提升[M].中国社会科学出版社.2004.

[116] 江小涓.我国出口商品结构的决定因素和变化趋势[J].经济研究.2007,5:4-16.

[117] 姜学勤.要素市场扭曲与中国宏观经济失衡[J].长江大学学报(社会科学版).2009,32(1):59-62.

[118] 蒋云赟,任若恩.中国工业的资本收益率测算[J].经济学(季刊).2004,4:.

[119] 金祥荣,茹玉骢,吴宏.制度、企业生产效率与中国地区间出口差异[J].管理世界.2008,11:65-77.

[120] 金煜,陈钊,陆铭.中国的地区工业集聚:经济地理、新经济地理与经济政策[J].经济研究.2006,4:79-89.

[121] 经济增长前沿课题组.经济增长、结构调整的累计效应与资本形成——当前经济增长态势分析[J].经济研究.2003,8:3-14.

[122] 经济增长前沿课题组.国际资本流动、经济扭曲与宏观稳定——当前经济增长态势分析[J].经济研究.2005,5:4-16.

[123] 鞠建东,林毅夫,王勇.要素禀赋、专业化分工、贸易的理论与实证:与杨小凯、张永生商榷[J].经济学季刊.2004,4(1):27-52.

[124] 赖平耀.中国的对外贸易:绩效、问题及未来的政策选择[J].国际经济评论.2005,5:12-16.

[125] 李稻葵,刘霖林,王红领.GDP中劳动份额演变的U型规律[J].经济研究.2009,1:70-82.

[126] 李涵,黎志刚.交通基础设施对企业库存的影响——基于我国制造业企业面板数据的实证研究[J].管理世界.2009,8:73-80.

[127] 李坤望,王永进.契约执行效率与地区出口绩效差异——基于行业特征的经验分析.经济学(季刊)[J].2010,9(3):1007-1028.

[128] 李扬、殷剑锋.劳动力转移过程中的高储蓄、高投资和中国经济增长[J].经济研究.2005,2:4-16.

[129] 李扬,殷剑峰.中国高储蓄率问题探究——1992-2003年中国资金流量表的分析[J].经济研究.2007,6:14-26.

[130] 李永友.需求结构失衡的财政因素:一个分析框架[J].财贸经济.2010,11:63-70.

[131] 林毅夫.发展战略、自生能力和经济收敛[J].经济学(季刊).2002,1(2):269-300.

[132] 林毅夫、刘明兴等.关于技术选择指数的测量与计算[J].北京大学中国经济研究中心讨论稿,No1C2002003.2002.

[133] 林毅夫.自生能力、经济发展与转型[M].北京:北京大学出版社.2004.

[134] 林毅夫,刘明兴.经济发展战略与中国的工业化[J].经济研究.2004,7:48-58.

[135] 林毅夫,苏剑.论我国经济增长方式的转换[J].管理世界.2007,11:5-13.

[136] 林毅夫.经济发展与转型:思潮、战略与自生能力[M].北京大学

出版社.2008.

[137] 刘民权,孙波.商业地价形成机制、房地产泡沫及其治理[J].金融研究.2009,10:22-37.

[138] 刘伟,蔡志洲.国内总需求结构矛盾与国民收入分配失衡[J].经济学动态.2010,7:19-27.

[139] 刘志彪,张杰.我国本土制造业企业出口决定因素的实证分析[J].2009,8:99-112.

[140] 娄峰,李雪松.中国城镇居民消费需求的动态实证分析[J].中国社会科学.2009,3:109-116.

[141] 罗长远.卡尔多"特征事实"再思考——对劳动收入占比的分析[J].世界经济.2008,11:65-79.

[142] 罗长远,张军.经济发展中的劳动收入占比——基于中国产业数据的实证研究[J].中国社会科学.2009a,4:65-80.

[143] 罗长远,张军.劳动收入占比下降的经济学解释——基于中国省级面板数据的分析[J].管理世界.2009b,5:25-35.

[144] 罗楚亮.经济转轨、不确定性与城镇居民消费行为[J].经济研究.2004,4:100-106.

[145] 马君潞,王博,杨新铭.人民币汇率变动对我国出口贸易结构的影响研究[J].国际金融研究.2010,12:21-27.

[146] 毛中根,洪涛.金融发展与居民消费:基于1997—2007年中国省际面板数据的实证分析[J].消费经济.2010,26(5):36-40.

[147] 钱金保,王美今.国际商业周期对中国出口的影响[J].统计研究.2010,27(9):26-35.

[148] 强志娟.金融发展与企业过度投资关系实证研究[J].商业时代.2010,32:73-74.

[149] 乔为国.中国高投资率低消费率研究[M].社会科学文献出版社.2007.

[150] 沈能,刘凤朝.金融因素对我国地区国际贸易发展差异的影响 [J].现代财经.2006,26(7):64-68.

[151] 施炳展,李坤望.中国出口贸易增长的可持续性研究——基于贸易随机前沿模型的分析[J].数量经济技术经济研究.2009,6:64-74.

[152] 史晋川,黄良浩.总需求结构调整与经济发展方式转变[J].经济理论与经济管理.2011,1:33-49.

[153] 孙慧文.经济发展战略选择下我国劳动收入份额持续下降的原因与对策研究[J].当代经济研究.2011,2:65-70.

[154] 邰秀军,李树苗,李聪,黎洁.中国农户谨慎性消费策略的形成机制[J].管理世界.2009,7:85-92.

[155] 唐登山,吴宏.税收增速大于GDP增速的产业结构分析[J].数量经济技术经济研究.2008,10:108-118.

[156] 陶然,袁飞,曹广忠.区域竞争、土地出让与地方财政效应:基于1999-2003年中国地级城市面板数据的分析[J].世界经济.2007,10:15-27.

[157] 陶然,陆曦,苏福兵,汪晖.地区竞争格局演变下的中国转轨:财政激励和发展模式反思[J].经济研究.2009,7:21-33.

[158] 王根蓓.论中间品贸易存在条件下国内税收出口退税与汇率调整对出口企业最优销量的影响[J].世界经济.2006,6:31-39.

[159] 王永进,李坤望,盛丹.地理集聚影响了地区出口比较优势吗?[J].世界经济文汇.2009,5:61-75.

[160] 王永进,盛丹,施炳展,李坤望.基础设施如何提升了出口技术复杂度?[J].经济研究.2010,7:103-115.

[161] 王远鸿.中国经济内外不平衡问题分析[J].经济理论与经济管理.2007,10:5-10.

[162] 文东伟,冼国明,马静.FDI、产业结构变迁与中国的出口竞争力

[J].管理世界.2009,4:96-107.

[163] 翁杰,周礼.中国工业部门劳动收入份额的变动研究:1997—2008年[J].中国人口科学.2010,4:31-45.

[164] 吴敬琏.当代中国经济改革[M].上海远东出版社.2004.

[165] 吴敬琏.中国增长模式抉择[M].上海远东出版社.2005.

[166] 冼国明.中国出口与外商在华直接投资.南开经济研究[J].2003,1:45-48.

[167] 肖文,周明海.贸易模式转变与劳动收入份额下降——基于中国工业分行业的实证研究[J].浙江大学学报(人文社会科学版).2010,40(5):154-163.

[168] 谢建国,陈莉莉.出口退税与中国的工业制成品出口:一个基于长期均衡的经验分析[J].世界经济.2008,5:3-12.

[169] 徐长生.中国宏观经济的结构失衡与系统调整[J].人民论坛.2010,35:252-253.

[170] 徐现祥,王海港.我国初次分配中的两极分化及成因[J].经济研究.2008,2:106-128.

[171] 阎坤,陈昌盛.出口退税、扩大出口与财政效应[J].管理世界.2003,11:42-51.

[172] 杨俊,廖尝君,邵汉华.经济分权模式下地方政府赶超与劳动收入占比——基于中国省级面板数据的实证分析[J].财经研究.2010,36(8):4-14.

[173] 杨全发,陈平.外商直接投资对中国出口贸易的作用分析[J].管理世界.2005,5:65-69.

[174] 杨汝岱,朱诗娥.公平与效率不可兼得吗?——基于居民边际消费倾向的研究[J].经济研究.2007,12:46-58.

[175] 姚洋,张晔.中国出口品国内技术含量升级的动态研究——来自全国及江苏省、广东省的证据[J].中国社会科学.2008,2:67-84.

［176］ 姚洋,章林峰.中国本土企业出口竞争优势和技术变迁分析［J］. 世界经济.2008,3:3-11.

［177］ 银温泉,才婉茹.我国地方市场分割的成因和治理［J］.经济研究. 2001,6:3-12.

［178］ 余文建,李雪俏,杨文玉,陈少敏.中国经济结构性失衡的原因与 解决路径［J］.上海金融.2010,6:18-21.

［179］ 袁志刚,宋铮.城镇居民消费行为变异与我国经济增长［J］.经济 研究.1999,11:20-28.

［180］ 张杰,李勇,刘志彪.制度对中国地区间出口差异的影响:来自中 国省际层面 4 分位行业的经验证据［J］.世界经济.2010,2: 83-103.

［181］ 张杰,张培丽,黄泰岩.市场分割推动了中国企业出口吗?［J］.经 济研究.2010,8:29-41.

［182］ 张军,高远,傅勇,张弘.中国为什么拥有了良好的基础设施?［J］.经济研究.2007,3:4-19.

［183］ 张军.改革以来中国的资本形成与经济增长:一些发现及其解释 ［J］.世界经济文汇.2002,1:18-31.

［184］ 张全红.我国劳动收入份额影响因素及变化原因——基于省际面 板数据的检验［J］.财经科学.2010,6:85-93.

［185］ 张志敏.90 年代以来中国居民消费特征及影响因素分析［J］.中 央财经大学学报.2003,11:52-57.

［186］ 张卓元."十二五"规划应着力解决经济发展面临的几个失衡问题 ［J］.经济纵横.2009,9:1-4.

［187］ 赵俊康.我国劳资分配比例分析［J］.统计研究.2006,12:7-13.

［188］ 赵树宽,石涛,鞠晓伟.区际市场分割对区域产业竞争力的作用机 理分析［J］.管理世界.2008,6:176-177.

［189］ 郑毓盛,李崇高.中国地方分割的效率损失［J］.中国社会科学.

2003,1:64-72.

[190] 周黎安.晋升博弈中政府官员的激励与合作[J].经济研究.2004,6:33-40.

[191] 周力,王培华."十一五"时期构建投资与消费协调拉动经济增长的长效机制研究[J].当代财经.2006,2:103-108.

[192] 周扬波.利益分配失衡框架下我国劳动收入份额变动的影响因素分析验[J].经济经纬.2010,6:102-108.

[193] 周业安.地方政府竞争与经济增长[J].中国人民大学学报.2003,1:97-103.

[194] 朱国林,范建勇,严燕.中国的消费不振与收入分配:理论和数据[J].经济研究.2002,5:72-80.

[195] 朱希伟,金祥荣,罗德明.国内市场分割与中国的出口贸易扩张[J].2005,12:68-76.

[196] 邹卫星,房林.为什么中国会发生投资消费失衡[J].管理世界.2008,12:32-42.

后　记

　　本书是我的博士毕业论文,本书的完成离不开老师、亲友和同学的帮助,在此,对他们致以诚挚的谢意。

　　感谢恩师洪文达教授。2014 年 2 月 5 日,先生仙逝。十余年间,先生于我谆谆教诲、殷殷关怀。初见先生,是在复旦经院的博士招生面试考场。当时遇到一题,不知如何作答,一时语塞。考官中央的一位年长者见我面露囧色,微笑着招呼我不要紧张,并且就此题展开了分析。他红光满面,一袭黑呢大衣,声音洪亮,分析问题字字珠玑、鞭辟入里,尽显学者风度,令人肃然起敬。这位长者主动解惑更是让我暂脱囧境,茅塞顿开。怀着对老师的敬意和感动,出考场后我马上到院办咨询,才知老师就是我国著名经济学家洪文达教授,时年已八十高龄,依然返聘任教带博士研究生。这是我第一次见到洪先生,也是第一次领略到先生的学识素养与人格魅力。2005 年 4 月,先生送我一本书——《经济全球化与中国——洪文达教授执教 55 周年暨 80 华诞荣庆文集》。这本汇集了先生众位弟子学术思考的文集,实是先生 50 余年学术研究传承与发展的见证,也是先生教书育人桃李满枝的最好说明。先生 50 余年致力于学术研究及教书育人,勤苦耕耘,著述等身,培养硕士、博士和博士后研究人员百余人。先生说:“送你这本书,以后就是我的学生了!”有幸忝列先生门墙,恭聆教诲,欣喜之情可想而知。读博之中,先生时常会以帮他取信或拿书为名,邀我到家中小坐,“闲聊”一阵。古今中外,风土人情,个人见闻,当然,更多的是治学与做人。先生言传身教,诲人于无形,因此,复旦凉城宿舍先生的家也成了我在校园之外的另一"大学"。先生的家很朴素，不大的客厅，靠西墙放着一张二人座的布艺沙发，沙发前是一方茶几。每有学生到来，先生出书房到客厅，热情的欢迎，请学生坐到沙发上，自己则落座在茶几南侧的座位上。先生会泡上一壶茶，师母陆老师会端上瓜果糖果，然后就开始每一次的"上课"。还清晰的记得第一次"课"上先生给我讲的话题。先生说到世界的农业发展和中国的农业问题，先生说农民很苦，农民收入低，农村远远没有发挥出应有的需求潜力，这也是中国经济结构失衡的原因之一。这一席话，让我感受到先生心中对中国经济的思考之光和对国家、对民族强烈的责任感，同时我想，先生也意在指引我研究时应增强问题意识，开拓更广阔的学术视野。记得一次"课"上先生说："每个人的一生，必有一段时间需要拼搏，否则将一事无成。"先生希望我这几年吃点苦，做出成绩，别学得潇洒，结果以后人生都不好走。先生语重心长，现在想来都是字字箴言，催人猛醒。另外，先生不计较金钱得失，为贵州一希望小学捐建食堂、为困难人群慷慨捐助等高风亮节更是深深地教育着我。无论是学业的传授，还是人格的培养，从先生那里得到的教诲和熏陶，一生都受用不尽。

感谢黄亚钧教授。黄老师严谨的治学态度、渊博的学识、宽厚的为人，令我感到由衷地敬佩。论文研究中，黄老师既给予我悉心指导和督促，同时又赋予充分的自由和开放，没有黄老师的理解、信任和大度，本书将不可能顺利完成。

感谢庄起善教授对我学业的关心和照顾！感谢世经系的华民教授、尹翔硕教授、谢识予教授、强永昌教授、郑辉副教授、罗汉副教授、田素华副教授和王健博士，从他们的课程和对论文的指导中受益匪浅，感谢他们对我学习生活给予的帮助。感谢给我授课的袁志刚教授、张军教授、姜波克教授、姚树杰教授、陈钊教授、陆铭教授、宋铮教授、戚顺荣副教授、许晓茵副教授、王永钦副教授、张晏副教授和樊潇彦博士，他们的课程让我领略了经济学的美妙。谢谢院研究生教务办的胡琨老师、朱萍老师、赵岚老师和何立民老师,谢谢他们的工作!

感谢我的同学们。方红生同学的无私帮助和精彩建议对我的研究犹如雪中送炭,深表感谢!谢谢姚大庆同学对我一直的帮助和支持!感谢闫红波、朱敏、陆剑、宋兆晗、罗思远、刘亮、刘能华、徐明东、王英、窦菲菲、王国林、肖宏、王小明、李徐、张新杨、彭文斌、姚德文、朱伟骅、王海文、李卢霞、杨文宇等同学,感谢他们的帮助、鼓励和支持!

感谢南开大学的黄玖立副教授、天津财经大学施炳展博士、南开大学的包群副教授和华南师范大学的魏下海博士,他们为本书提供了数据支持和建议,谢谢!

为师恩,为友情,为亲情,献上一颗感恩的心。